ミステリーで読み解く英文法

そして 誰も いなくなった

*And Then
There Were None*

Agatha Christie

Published 2023 in Japan by IBC Publishing

Textbook rights arranged with Agatha Christie Limited through
Timo Associates, Inc.

装　　　幀＝高橋玲奈
日 本 語 訳 ＝ 牛 原 眞 弓
コラム執筆＝Raina Ruth Nakamura
ナレーション＝Peter von Gomm

本書の英文テキストは、弊社から刊行されたラダーシリーズ『And Then There Were None』から転載しています。

はじめに

　名作を読みながら、その文章を解析してゆくと、楽しみながら英語のみならず、名作そのものへの興味も湧いてきます。

　「そして誰もいなくなった」は、アガサ・クリスティの数ある小説の中でも、最もよく読まれている最高傑作の一つです。孤島に招待された10人の客が一人ずつ殺されてゆく恐怖は、読者に衝撃を与えます。

　通常の推理小説でも密室殺人事件は、多くの作家が取り上げるプロットです。

　時には密室で、かつ出入りできない場所での完全殺人を描いたストーリーもあります。しかし、「そして誰もいなくなった」は、そうしたプロットを凌駕した恐怖の只中に読者を導きます。殺人者は必ず10人の中にいるのですが、そこには事件を解決する探偵がいないのです。アガサ・クリスティの小説に出てくる名探偵ポアロも、ミス・マープルもいない閉ざされた空間で、一人一人が殺されてゆくわけです。ですから、殺人が続く中で、残された人は自分たちで謎を解かなければなりません。しかし、それができないままに殺人が繰り返されます。やがて、残された者はお互いを疑い、誰が殺人犯かはっきりとはわからないままに、追い詰められていくというわけです。

　誰もそんな体験はしたくないというような、精神的にも肉体的にも被害者たちは苦しみながら、一人一人が犠牲者になってゆきます。そうした意味では、この小説は推理小説の域をも出た、殺人を通して人の心を弄ぶ、心理小説でもあり、スリラー小説であるともいえましょう。

　終盤で犯人が自分の罪を告白する手紙が海で発見されます。これで事件の全容が明らかになるのですが、それは読み進めてゆく中でわかってくることなので、ここではあえて語らないことにします。

このミステリー小説を通して、人々が抱く様々な恐怖や疑心暗鬼、感情の起伏が、どのように表現されているかを読み解くのは、英語を勉強する上で大変参考になるはずです。そうした観点で、本書を楽しみ、その上で映画化された作品などに挑むのも一案でしょう。

　1939年にこの小説が発表された直後から、世界中の注目を集め、その後、戯曲や映画、テレビドラマなどにも頻繁に取り上げられました。当時、アガサ・クリスティは二度目の結婚生活もうまくいき、小説家としても絶頂期を迎えていました。
　そして、この小説は80年以上の歳月を経た現在でも、読者に十分に通用するコンテンツとして多くの人に愛読されています。そして、つい最近も日本でも新たなテレビドラマとして放映されました。
　本書は、ラダーシリーズという英文リーダーのテキストをもとにして、そこで使われている文章を文法的にいかに理解するかという目的で編纂されました。文章はオリジナルの小説よりは簡単ですが、英語のレベルとしては、中級程度の内容であると思っていただければ大丈夫です。本書を通して、そこで使用されている文章の構造を理解し、あらためて文章全体を味わいながら、ストーリーそのものに魅了されていただければ幸いです。

目次

And Then There Were None

本書の使い方

　本書の英文は、ラダーシリーズ Level 4 の一作として小社から刊行された *And Then There Were None*（『そして誰もいなくなった』）のバージョンに基づいています。使用語彙が2,000語レベルに制限され、総語数を1万4,000語程度に抑えてリライトされているので、原書よりもはるかに楽に、楽しみながら無理なく読み切ることができるはずです。

　とはいえ、使用する文法には特に制限がかけられていません。言い換えれば、文法については手心が加えられていない、ネイティブスピーカーの自然な英語なのです。そのため、語句の表面的な意味は概ね理解できても、語形や語法、文の構造などに関する理解が追いつかず、文章の真意や筆者の意図を十分に把握できないこともあるかもしれません。個々の文の意味は、そこで使われる単語や熟語に多くを依存しますが、実は文法によって決定される部分も決して小さくないのです。特に、文章、文脈という大きな単位での理解には文法力が欠かせません。

　本書では、特に日本の英語学習者がつまずきがちなポイントを中心にして、英文に文法的な注釈・解説を付けてあります。単語や熟語の意味は全てわかるのに文全体の意味がはっきりつかめない、文章の前後関係がどうも釈然としない――英文を読みながらそんな思いを抱いたら、英文の対向ページ（各右ページ）にある文法解説に目を通してみてください。疑問が解け、誤読を防ぐことにもつながるはずです。

　また、文法解説を参照しながら英文を読み進めれば、それまでバラバラで脈絡のない知識の断片だった文法事項が、具体的にどんな場面でどんな役割を担い、どのような意味・ニュアンスを伝えるのか、といった観点で、少しずつ体系的に整理されていくことでしょう。

　語彙や表現に加えて文法も十分に理解した上で、本書を読破したら、次にはぜひアガサ・クリスティ自身の手による原書にチャレンジしてみましょう。本書で身につけた知識や理解力は、原書を読むときにも必ず役に立つはずです。

●無料音声一括ダウンロード●

本書の朗読音声（MP3形式）を下記URLとQRコードから無料でPCなどに一括ダウンロードすることができます。

https://ibcpub.co.jp/audio_dl/0761/

※ダウンロードしたファイルはZIP形式で圧縮されていますので、解凍ソフトが必要です。
※MP3ファイルを再生するには、iTunesやWindows Media Playerなどのアプリケーションが必要です。
※PCや端末、アプリケーションの操作方法については、編集部ではお答えできません。付属のマニュアルやインターネットの検索を利用するか、開発元にお問い合わせください。

And Then
There Were None

『そして誰もいなくなった』を
読み始める前に

And Then There Were None: A Comparison

And Then There Were None has been compared to Agatha Christie's other book *Murder on the Orient Express*, published five years earlier in 1934. That book has a large cast of characters who come together in an isolated place—the train where the murder takes place. The motivation for the murder is revenge for a terrible crime committed many years previously. All the characters in *Murder on the Orient Express* either know each other or are related by circumstance. *And Then There Were None* also has a large group (ten people in total) who meet on an isolated island at the invitation of a mysterious person. However, these people don't know each other and the only thing they have in common is the invitation from the mysterious Mr. Owen (or UNKNOWN, as they cleverly figure out on page 64). Another difference is that the murders are not acts of revenge, but acts of justice.

This book has also been compared to *The Murder of Roger Ackroyd*, which was published more than ten years earlier in 1926. The similarity of the two books are not found in the number of characters nor in setting, however. In *The Murder of Roger Ackroyd* the house where the murder takes place is not considered isolated like Soldier Island in this book. And the characters are friends and family of the murder victim. The one thing these two books have in common is that it is nearly impossible to figure out the identity of the murderer from the information in the book. In fact, in both books, the only reference to the murderer is in a type of epilogue. In *The Murder of Roger Ackroyd*, the last chapter is a confession from the murderer, written before he kills himself. So with this book, starting on page 140, there is a letter from the murderer explaining his methods and motives. He also takes his own life at the end.

その他のアガサ作品との比較

　『そして誰もいなくなった』(1939年刊行)は、5年前の1934年に出版された
アガサ・クリスティの『オリエント急行殺人事件』と比較されることがありま
す。この作品では、登場人物たちが、殺人事件の現場 —— 列車という孤立し
た場所に集まります。殺人の動機は、何年も前に起きた恐ろしい犯罪に対す
る復讐です。『オリエント急行殺人事件』に出てくる人物は皆、お互いに知り
合いか、または何らかの事情でつながっています。本書、『そして誰もいなく
なった』も、大勢の人(全部で10人)が見知らぬ人に誘われて孤島で出会いま
すが、この10人はお互いを知らず、共通しているのは謎のミスター・オーエ
ン(UNKNOWN、64ページで巧妙に解明される)からの招待状だけなのです。
もう一つの違いは、殺人が復讐のためではなく、正義のためだということで
す。

　本書は、10年以上前の1926年に出版された『アクロイド殺人事件』とも比
較されます。この2冊の共通点は、登場人物の数や物語の設定ではありません。
『アクロイド殺人事件』の殺人事件の現場となった家は、本書の兵隊島のよう
に孤立しているわけではありません。そして登場人物は、殺人事件の被害者
の友人や家族です。そこで、この2冊の共通点を1つ挙げるとすると、本に書
かれている情報だけでは、殺人者の正体を言い当てるのが不可能に近いとい
うことです。それどころか2冊とも、唯一、犯人についての言及があるのは、
結末の部分なのです。『アクロイド殺人事件』では、最終章が自殺する前に犯
人が書いた告白文です。本書もまた、140ページ以降が犯人からの手紙になっ
ていて、殺人の方法や動機について書かれています。彼もやはり最後には自ら
命を絶つのです。

Another important difference of this book compared to most of Agatha Christie's other mysteries is that there is no detective, no Poirot or Miss Marple, to guide the reader through the clues in the book. In *Murder on the Orient Express* and *the Murder of Roger Ackroyd*, the reader can hear Poirot's conversation with other characters and even read his thoughts. Although sometimes these thoughts are complicated and confusing, most of the time they help the reader solve the murder along with Poirot. At the end of the books, then, there is a feeling of satisfaction and accomplishment. But in this book, the ending is quite a surprise and the reader could easily feel tricked and dissatisfied because no clues were given in the main text.

When we look back to see if there is any information given about Wargrave being the killer, we don't find clues exactly. What we do find is evidence that he had guided the group to do what he wanted and to make them suspicious of each other. On page 60, after Mrs. Rogers collapses, Wargrave says, "Rogers, I suggest you take your wife to her bed first." That sets up her death of 'oversleeping.' The narrative continues, "Then Wargrave took charge. The room suddenly became a court of law." Later, he justifies his own actions about the man he is accused of killing, and the others naturally follow with their own explanations. (pages 66-70) Again, after General Macarthur's death, the narrative reads, "Wargrave took control of the situation as someone who had long been used to being an authority figure." He concludes that since they are alone on the island, the murderer must be one of them. On page 124, he appears to have been shot, but only Dr. Armstrong confirms it. The doctor 'holds the others back' while he examines Wargrave's body. The remaining four people on the island grow increasingly suspicious of each other, never guessing that the killer is still working on his plan to finish them all off. So, while there are no specific clues that

他の多くのアガサ・クリスティのミステリー作品と比べると、本書には大きく異なる点があります。それは探偵が登場しないということです。読者に手がかりを示すポアロもミス・マープルも出てこないのです。『オリエント急行殺人事件』も『アクロイド殺人事件』も、読者はポワロと登場人物との会話を聞いたり、彼の推理を読んだりすることができます。探偵たちの推理が逆に複雑でわかりにくいこともありますが、たいていは彼らの推理があることで、読者はポアロと一緒に殺人事件を解決するのです。そうすることで、本の最後で、読み終えた達成感と満足感を読者は感じるのです。しかし本書では、結末はかなり意表を突いています。本文にはそれらしいことが何も書かれていないため、読者は騙されたような気持ちになり、不満に感じることもあるかもしれません。

(この先は作品の展開や結末に関する情報が含まれますので、ご注意ください)

　ウォーグレイヴが犯人だとわかるようなことは、本を読み返してみてもどこにも見当たりません。見つかるのは、彼が自分のしたいように人々を誘導し、人々が互いに疑心暗鬼になるようにしたことです。60ページで、ミセス・ロジャーズが倒れると、ウォーグレイヴは「ロジャーズ、まずは奥さんをベッドに寝かせてくるといい」と言っています。これで彼女の死を「寝坊」と思わせたのです。本文は、「そしてウォーグレイヴが指揮を執った。客間は突然、法廷に変わったのだ」と続きます。その後で、ウォーグレイヴが、自分が殺したとして告発されている男についての自分の行動を正当化すると、他の人たちも当然のように自分たちなりの弁明を始めます（66ページから70ページ）。さらにマッカーサー将軍が亡くなった後も、本文では「権威を持つことに長年慣れてきた者として、ウォーグレイヴはその場の指揮を執った」とあります。島にいるのは自分たちだけなのだから、自分たちの中に殺人者がいるはずだと、ウォーグレイヴは結論づけたのです。124ページでは、彼は一応撃たれたことになっていますが、それを確認したのはアームストロング医師だけです。医師は、他の人たちを手で制して、ウォーグレイヴの遺体を調べました。島に残った4人は、ますます疑心暗鬼になり、犯人がその4人全員を殺そうとしているとは思ってもいないのです。ということで、ウォーグレイヴが犯人であるという具体的な手がかりを残さずに、彼は自分の計画をまっとうするために他の人たちを操ったのです。

Wargrave is the killer, he does manipulate the others to make his plan work.

Character Review

And Then There Were None has many characters who die one by one. It is interesting to review each of the characters and the reason they were chosen to die.

The first character we meet is Judge **Lawrence Wargrave**. He is accused of killing a man named Edward Seton who himself had killed a woman and was being tried for his crime in front of Judge Wargrave. Though the jury found Seton innocent, the judge thought he was guilty and gave him the death sentence.

The second character is **Vera Claythorne**, accused of killing a young boy named Cyril whom she was taking care of. She claims it was an accident, but later she confesses that her lover would inherit a large estate if Cyril died. So she pretended not to see Cyril struggling in the water as he drowned. The officials called it an accident, but deep down Ms. Claythorne knew the truth.

The third character is **Philip Lombard** who is accused of killing 21 men in East Africa. He explains to the group that it was a desperate situation and he had chosen to save himself. So he took all the food from the group of men and escaped.

登場人物について

　『そして誰もいなくなった』では登場人物が次々に死んでいきます。ここでそれぞれの人物像となぜ死ぬことになったのかを見ていきましょう。

　最初は**ローレンス・ウォーグレイヴ判事**です。彼は、エドワード・シートンという男を殺したと告発されています。エドワード自身もある女性を殺した罪で、ウォーグレイヴ判事に裁かれたのです。陪審員はシートンを無罪としましたが、判事は彼を有罪として死刑の判決を下しました。

　次は**ヴェラ・クレイソーン**です。彼女は面倒を見ていたシリルという男の子の命を奪った罪に問われています。彼女は事故だったと主張しましたが、のちにシリルが死ぬと広大な土地を相続するのが彼女の恋人だったことを認めました。そのため、彼女はシリルが溺れてもがいているのを見て見ぬふりをしたのです。役人は事故としましたが、クレイソーンは心の底では真相がわかっていたのです。

　3人目は東アフリカで21人を殺した罪に問われている**フィリップ・ロンバード**です。彼はその時の状況は絶望的で、自分自身を守ることを選んだのだと説明しました。彼は男たちからあるだけの食料をとって逃げたのです。

The fourth character we meet is **Emily Brent**, a proper English woman who is accused of causing the death of a young woman who worked for her. Brent explains that the woman had become pregnant though she was not married. Brent fired her because she didn't want a woman of loose morals in her house. The woman killed herself, though Brent did not think she was to blame.

The fifth character is **General Macarthur**, a military man who was accused of killing an officer by sending him on a dangerous mission. It seems like an innocent explanation, but later we learn that the officer was his wife's lover and Macarthur had wanted him to die.

The sixth character is **Dr. Armstrong** whose patient, Louisa Clees, died during an operation. He tells the group that it couldn't be helped, but the truth was that he was drunk during the procedure. He thought no one knew about it, but the nurse who was helping him told someone about it many years later.

The seventh character is **Anthony (Tony) Marston**. Tony loved to drink, even if he had to drive later. It turns out that he had killed two children in his car the previous year. He considered it an accident, but it was possible that he had been drunk when he was driving.

The eighth character is **Mr. Blore**, a former police detective. Mr. Blore is accused of causing the death of a bank robber. Blore caught the robber and he went to prison, where he died. At first, Blore said that it wasn't his fault. Later, however, Blore confessed that the accused man had been innocent and that Blore had been paid to arrest him.

エミリー・ブレントが4人目です。彼女は良きイギリス婦人ですが、彼女のもとで働いていた女性を死に至らしめたという理由で訴えられています。ブレントが言うには、その女性は未婚のまま妊娠したのです。ブレントは、彼女を首にしました。というのも、自分の家にモラルの低い人にいてほしくなかったからです。ブレントは自分には責任はないと思っていましたが、その女性は自殺してしまったのです。

　5人目は**マッカーサー将軍**です。彼は軍人で、ある将校を危険な任務に送り込んで死に至らしめたとして訴えられています。説明からは故意ではないと思われますが、後にその将校は、将軍の妻の愛人で、殺したいと思っていたことがわかるのです。

　6番目は**アームストロング医師**で、彼の患者であるルイーズ・クリースが手術中に死んでしまいます。彼はどうしようもなかったと説明しましたが、酔っ払って手術をしたというのが真相でした。アームストロング医師はそのことは誰も知らないと思っていたのですが、何年もたってから助手をしたある看護師が誰かにそのことを話していたのです。

　7人目は**アンソニー（トニー）・マーストン**です。トニーは運転をすることがわかっていても酒を飲むのが好きでした。前年のことですが、自分の車で2人の子供の命を奪うことになってしまいました。彼は事故だと言いますが、運転中に酔っ払っていた可能性もあったのです。

　8番目は**ブロア**で、元刑事です。ブロアは、銀行強盗犯を死なせたことで訴えられています。彼は強盗犯を捕らえ、刑務所に入れましたが、そこで犯人は命を落としました。最初はブロアは自分のせいではないと言いましたが、後から被告人は無実で、ブロアは金と引き換えに逮捕したと告白したのです。

Finally, we meet the butler and his wife, **Mr. and Mrs. Rogers**. They are accused of killing a woman whom they worked for, but they claim they did everything they could to prevent her death. Actually, they received a lot of money after she died and were suspected of withholding medicine that the woman needed.

Several points of interest

This book has been called Agatha Christie's finest work, and is certainly considered one of her most intriguing mysteries. Some of the book's history is interesting to learn.

The book was not called *And Then There Were None* when it was first published in the UK in 1939. Unfortunately, and not unusually for the times, Agatha Christie used a racial epithet, calling it *Ten Little N***ers.** It was later changed to *Ten Little Indians*, which was also problematic in that Native Americans were only called Indians by the explorers to North and South America in the 15th century. Thinking they had arrived in India, they mistakenly called the native inhabitants Indians. Publishers in the US therefore changed the title to *And Then There Were None* when they released the book in 1940.

As for its reception, it was praised by critics and readers alike at the time of publication, and it continues to be reviewed positively today. It has been voted the best mystery in the world and is the most popular book by Agatha Christie, with over 100 million copies sold. The writer herself said that the story was challenging to write and that she was proud of how it turned out.

最後に執事とその妻、ロジャーズ夫妻です。2人は自分たちが仕えていたある女性を殺した罪で訴えられていました。夫妻は彼女を死なせないようできるだけのことはしたと主張しました。実際のところは、女性の死後に夫妻は大金を受け取り、その女性が必要としていた薬を渡さなかったのではと疑われています。

いくつかの興味深いこと

　本書はアガサ・クリスティの最高傑作とされ、かつ最も興味をそそられるミステリー作品の一つであるとされています。本書の変遷は知っておくべき興味深いものです。

　1939年、イギリスで最初に出版された当初、本書のタイトルは『そして誰もいなくなった』ではありませんでした。残念なことに、当時を考えると珍しくはありませんが、アガサ・クリスティは人種的な蔑称を使って、『Ten Little N***ers（10人の小さな黒んぼ）』としたのです。これはのちに『Ten Little Indians（10人のインディアン）』と改題されましたが、15世紀に北南米を探検した人が、アメリカ先住民をインディアンと呼んだという点で、これにもまた問題がありました。インドに到着したと思った探検家が、そこに昔から住む人々をインディアンと誤って呼んだのです。そのため、アメリカの出版社はタイトルを『そして誰もいなくなった』に変更して、1940年に出版したのです。
　本書がどのように受け止められたかというと、出版時に批評家や読者から絶賛されたように、現在まで好意的なレビューが続いています。世界中で最もすぐれたミステリーに選ばれたこともあり、アガサ・クリスティ作品の中でも、1億部以上売れた人気作です。作家本人も書きがいのあるストーリーで、出来栄えに満足していると言っています。

The book has been adapted in all forms of entertainment, including a stage play written by Mrs. Christie herself. The play was performed in 1943 and she was asked to change the ending so that not everyone died because it was thought to be too depressing for the audience during World War II. Another interesting change she made was the name of the character General Macarthur. At the time of the book's publication, General Douglas MacArthur of the US Army was not a well known man. However, by the time the play started, he had become famous worldwide and so Christie changed the character's name to General Mackenzie. The St. James Theater in London where the play was being staged was bombed during air raids, but the play continued to be performed at a different theater.

Many other books, TV shows, movies and comics have been based on the plot of *And Then There Were None*, making it the most adapted of Agatha Christie novels. Notably, the Japanese visual novel *Umineko When They Cry* includes a volume in which the characters gather on an island and are murdered one by one. There is also a riddle in that story which gives clues to each murder, just like the *Ten Little Soldiers* poem. *And Then There Were None* has even been made into several video games in which the player has to gather clues and guess the murderer's identity.

As for the setting of the book, Soldier Island was based on Burgh Island. Agatha Christie used this island in the southern Devon region of the UK for the setting of another of her books, *Evil in the Sun*. The film version of that book was actually filmed there.

* This word is so offensive in the US and other cultures that the proper way to write it is to omit three of the letters.

本書はさまざまな形でエンターテイメント化されましたが、クリスティ自身が書いた舞台演劇もその中の一つです。劇は1943年に上演されましたが、クリスティは全員が死ぬという結末を改変するように言われます。第二次世界大戦中の観客にとって、その結末は絶望的すぎると思われたからです。他にも変更したことがあります。それはマッカーサー将軍の名前です。出版当時、アメリカ陸軍のダグラス・マッカーサー将軍は知られていませんでした。ところが、演劇が始まった時には、彼が世界で誰もが知る人物となったため、クリスティは登場人物の名前をマッケンジー将軍に変えたのです。劇が上演されていたロンドンにあるセント・ジェームス劇場は空爆にあいますが、劇は引き続き別の劇場で上演され続けました。

　『そして誰もいなくなった』のプロットを基に、多くの書籍、テレビ番組、映画、コミックが作られたことで、本書はアガサ・クリスティの作品の中でもっとも脚色された小説といえます。なかでも、日本のビジュアル・ノベル『うみねこのなく頃に』には島に集まった登場人物たちが一人ずつ殺されるという話が含まれています。このストーリーには、『10人の兵隊』の詩のように殺人事件の手がかりになる謎解きも仕込まれています。『そして誰もいなくなった』は、ビデオゲームにもなっており、その中でプレイヤーは手がかりをよせ集め、殺人犯の正体を推理するのです。

　本の舞台となった兵隊島はバーロ島です。アガサ・クリスティは自身の『白昼の悪魔』の舞台としてイギリスのデヴォン地方南部にあるこの島を使いました。『白昼の悪魔』が映画化された時には、実際にこの場所で撮影されました。

＊ この言葉はアメリカ等の文化圏ではとても不快な言葉とされており、3文字を省略するのが正しい書き方と言われるほどです。

Ten Little Soldiers Poem

And Then There Were None uses a poem called *Ten Little Soldiers* as a way of marking the murders. The poem was based on a children's counting song called *Ten Little Indians*. In that version of the song, there are no murders, of course! A minstrel song was made from the children's song in the late 19th century and then Agatha Christie adapted it for her book.

Let's look at each line of the poem and how it relates to each murder.

> *Ten little soldier boys went out to dine;*
> *One choked his little self and then there were Nine.*

We learn at the end of the book that the murderer planned the order of the murders from least 'guilty' to most. He started with Anthony (Tony) Marston because his crime was called an accident. But he did kill two children while driving, possibly drunk, so his whiskey is poisoned and he chokes to death.

> *Nine little soldier boys stayed up very late;*
> *One overslept and then there were Eight.*

The second least guilty victim is Mrs. Rogers, who was likely influenced by her husband to kill their former employer. She was also poisoned, but it acts slowly in her body during the night. The next morning the other characters realize that she had 'overslept' because she was dead.

10人の小さな兵隊さんの詩

『そして誰もいなくなった』では、殺人に絡めて『10人の小さな兵隊さん』の詩が出てきます。この詩は『10人のインディアン』という子供の数え歌がベースになっています。もちろんこの歌には殺人はありません。19世紀後半に、この子供の向けの歌をミンストレルソング*にしたものをアガサ・クリスティがのちに自分の著書のために改作したのです。

さあ、ここで詩の1節ずつがどう殺人と関わっているのかをみていきましょう。

> 10人の小さな兵隊さんが食事にでかけたよ。
> 1人がのどをつまらせて、9人になった

犯人は「罪」が軽い人から重い人の順番に殺人を計画していたことが、本の最後でわかります。犯人がアンソニー（トニー）・マーストンからはじめたのは、彼の犯罪が事故とされていたからです。しかし、彼はおそらく酔っ払っていて、運転中に子供を2人も殺してしまったので、ウィスキーに毒が入れられ、窒息死したのです。

> 9人の小さな兵隊さんが夜ふかしをしたよ。
> 1人が寝過ごして、8人になった

次に罪の軽い犠牲者は、ロジャーズ夫人で、おそらく夫の影響で元の雇い主を殺したと思われます。彼女もまた毒を盛られますが、その毒は一晩かけてじっくりと体内で作用します。次の朝、他の登場人物たちは、彼女は死んでいたから「寝坊」したのだと気づくのです。

Eight little soldier boys traveling in Devon;
One said he'd stay there and then there were Seven.

The third murder doesn't exactly match the line from the poem. General Macarthur was killed when he was hit on the head with something heavy. He had been acting strangely, sitting on the beach by himself saying "We're never leaving." It's almost as if he knew his end was near.

Seven little soldier boys cutting up sticks;
One cut himself in half and then there were Six.

The fourth victim was Mr. Rogers, the butler. He was outside chopping wood for the fire when someone cut his head with an ax.

Six little soldier boys playing with a hive;
A bumblebee stung one and then there were Five.

After Mr. Rogers was killed, Vera Claythorne was sure the next death would have to do with bees because of the next line in the poem. Blore thought she was losing her mind, but later that day Emily Brent was killed with poison from a syringe, which looked like a bee sting. When they discovered her body, the others heard a bee buzzing around the window.

Five little soldier boys studying law;
One got into Chancery and then there were Four.

'Chancery' refers to one of the high courts in England. Since Judge Wargrave was the only one of the guests who studied law, he had to be the sixth victim to match the line in the poem. We later

8人の小さな兵隊さんがデヴォンを旅していたよ。
　　　1人がそこに残ると言って、7人になった

　3番目の殺人はどうやら詩とは正確には合っていません。マッカーサー将軍は何か重たいもので頭を殴られて死にました。彼の行動は奇妙で、浜べに座って、ひとり「わしらはけっして、ここから出ることはない」と言うのです。まるで自分の最期が近いことを知っているかのようです。

　　7人の小さな兵隊さんが薪を割っていたよ。
　　　1人が自分を真っ二つに割って、6人になった

　4番目の被害者は執事のロジャーズです。彼は外で薪を割っていたところ、誰かに斧で頭を割られたのです。

　　6人の小さな兵隊さんがハチの巣で遊んでいたよ。
　　　1人がハチに刺されて、5人になった

　ロジャーズが殺されると、ヴェラ・クレイソーンには次の詩の一節からして、次の死はハチに関係するとわかっていました。ブロアは彼女の気がおかしくなったのかと思いましたが、その日のうちにエミリー・ブレントがまるでハチの針を思わせるような注射器に仕込まれた毒で殺されるのです。彼女の遺体を発見したとき、他の人たちは窓の辺りでハチがブンブン音を立てているのを聞きました。

　　5人の小さな兵隊さんが法律を学んでいたよ。
　　　1人が大法院に入って、4人になった

　大法院とは、イギリスの高等裁判所の一つです。ウォーグレイヴ判事は、招待客の中で唯一法律を学んでいたため、詩の一節と一致する彼が6番目の被害者である必要がありました。後に、ウォーグレイヴ判事とアームストロング

learn that he and Dr. Armstrong agreed that Wargrave would fake his death in order to catch the killer.

> Four little soldier boys going out to sea;
>   A red herring swallowed one and then there were Three.

'A red herring' refers to some information that misleads or distracts from the truth. Dr. Armstrong was killed next, though his body was discovered only after the next victim was killed. The killer distracted him by telling him to "Look over there!" then pushed him off a cliff.

> Three little soldier boys walking in the zoo;
>   A big bear hugged one and then there were Two.

The next line from the poem seemed impossible to cause a death since there were no bears on the island. But the killer cleverly matched the murder of Blore with the poem by throwing a heavy marble clock shaped like a bear out the window onto his head.

> Two little soldier boys sitting in the sun;
>   One got burned up and then there was One.

Now there were only two people left alive on the island, Ms. Claythorne and Lombard. As they worked together to pull Dr. Armstrong's body out of the water, Vera stole Lombard's gun from his pocket. She shot him, which could be seen as burning him with a bullet.

> One little soldier boy left all alone;
>   He went and hanged himself and then there were None.

医師は、犯人を捕まえるためにウォーグレイヴの死を偽装することで合意していたことがわかりました。

　　　4人の小さな兵隊さんが海に出ていたよ。
　　　　1人が燻製のニシンに飲まれて、3人になった

「燻製のニシン」とは、真実から目を逸らせたり、誤解させたりするもののことです。アームストロング医師が次に殺されますが、彼の遺体はその次の殺人が起きた後に発見されます。犯人は「あそこを見ろ！」と彼の注意を逸らし、崖から突き落としたのです。

　　　　3人の小さな兵隊さんが動物園を歩いていたよ。
　　　　　1人が大きなクマに抱きしめられて、2人になった

　この島にはクマはいなかったので、この詩の一節が死を引き起こすのは不可能に思われました。しかし、犯人は利口にもクマをかたどった大理石の時計を窓からブロアの頭上に投げて殺害し、詩と一致させたのです。

　　　　2人の小さな兵隊さんがひなたぼっこをしていたよ。
　　　　　1人が焼けこげて、1人になった

　こうしてこの島には2人だけが残されました。クレイソーンとロンバードです。2人でアームストロング医師の遺体を水から引き上げようとした時、ヴェラがロンバードのポケットから彼の銃を盗み出しました。彼女は彼を撃ったのですが、それは弾丸で彼を焼いたとも言えるのです。

　　　　1人の小さな兵隊さんがひとりぼっちになったよ。
　　　　　自分で首をくくって、そして誰もいなくなった

Now only Vera was left in the house. She walked upstairs to her room and found a noose and chair waiting for her. Her own guilt at what she had done caused her to hang herself. And then there were None.

こうして家にはヴェラだけが残されました。彼女は２階の自分の部屋へ行くと、そこで首吊り用の縄と椅子を見つけます。自分の犯したことへの罪悪感から、彼女は首を吊りました。そして誰もいなくなりました。

＊　ミンストレルソングとは、19世紀中頃のアメリカでおきたミンストレルショーという大衆演芸向けの歌のこと。ショーでは、黒人に扮した白人が歌ったり、踊ったり、また寸劇をしたりした。

アガサ・クリスティ年表

1890　0歳　9月15日、アガサ・メアリー・クラリッサ・ミラーとして、イギリスのデヴォン州、トーキーで生まれる。

父親はアメリカ人、姉、兄とは歳が離れていたため、子ども時代は一人で過ごすことが多かった。

1895　5歳　父親が投資に失敗し、一家は財政難となる。

1896　6歳　生活費の安い、フランスに滞在する。

1901　11歳　体調を崩した父親が心臓発作を起こして死亡。母親とアガサの生活が始まる。アガサはピアノと歌のレッスンを受ける。

正規の学校教育は受けず、家庭内で教育を受けた。読書が好きで、空想の世界で遊ぶ子ども時代だった。

1905　15歳　パリの寄宿学校に留学する。

フランス語を習得。

この頃から、詩、短編小説などを書き始める。

1900年初め 10代のアガサ

1907　17歳　ピアニストを夢みたが、人前ではひどく恥ずかしがり屋だったため断念する。

1910　20歳　アガサは母とカイロに向かい、ジェジーラ・パレス・ホテルで3か月過ごす。カイロで社交界デビューをはたす。

1912　22歳　英国飛行隊に志願していたアーチボルド（アーチー）・クリスティと出会う。

1910年頃 20代のアガサ

1914　24歳　第一次世界大戦勃発。ソールズベリーでアーチーと再会、クリスマスイヴに結婚するがアーチーはフランス戦線へ召喚される。アガサはトーキーの病院で看護助手、薬剤師として働く（〜1918年）。戦争中、二人は頻繁に会うことはなかった。

薬局勤務を通して、毒薬の知識などを得る。

1916　26歳　『スタイルズ荘の怪事件』を完成させ、ここに名探偵エルキュール・ポアロを生み出す。この時は出版社からの採用はなかった。

1917　27歳　『スタイルズ荘の怪事件』の原稿をボドリー・ヘッド社に送る。

1918　28歳　アーチーがロンドンの陸軍省に赴任。11月、第一次世界大戦の終結。

1919　29歳　8月、娘、ロザリンドが生まれる。『スタイルズ荘の怪事件』の出版が決まる。

1920　30歳　長編の処女作となる『スタイルズ荘の怪事件』で作家デビュー。初版2000部を売り切る。

1922　32歳　夫の仕事に同行し、世界一周旅行に出る。

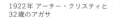

1922年 アーチー・クリスティと32歳のアガサ

1923	33歳	世界一周から帰国。
1924	34歳	購入した家を「スタイルズ荘」と名付ける。
1926	36歳	『アクロイド殺人事件』を発表する。最愛の母クラリッサが死去。アーチーとアガサの関係が破綻し始め、12月に失踪事件を起こす。
1927	37歳	スタイルズ荘を売却。精神科医の治療を受ける。
1928	38歳	アーチーとの離婚が成立。オリエント急行で最初の旅をする。中東に初めて旅行し、ウルの発掘現場などを訪問し、考古学への興味を膨らませる。
1930	40歳	ミス・マープル初登場の『牧師館の殺人』を出版する。2度目の中東旅行。発掘現場で考古学者マックス・マローワンと知り合う。その後、マックスと再婚する。
1931	41歳	マックスに伴い、エジプトに滞在。ルクソールのツタンカーメンの墓などを訪れる。イスタンブールからオリエント急行に乗り、途中、悪天候で立ち往生する経験をする。
1933	43歳	イラクのニネヴェでの発掘調査に同行する。
1934	44歳	『オリエント急行殺人事件』を発表する。エルキュール・ポアロシリーズの8作品目。
1937	47歳	『ナイルに死す』を発表する。
1938	48歳	デヴォン州にグリーンウェイ・ハウスを購入する。
1939	49歳	本作発表。当時のタイトルは『10人の小さな黒んぼ』。第二次世界大戦が勃発する（〜1945年）。
1940	50歳	アメリカで『そして誰もいなくなった』のタイトルで出版。最後のポアロ物語を書き始める。この作品の出版は35年後。
1941	51歳	ロンドンに移り、大学病院の薬局で働く。
1942	52歳	この頃、ポアロ最後の作品、ミス・マープル最後の事件の原稿を執筆。
1943	53歳	『そして誰もいなくなった』の劇場初演を迎える。
1945	55歳	『そして誰もいなくなった』がアメリカで映画版が制作される。
1948	58歳	マックスのイラクへの発掘調査に同行する。
1950	60歳	王立文学協会のフェローとなる。
1954	64歳	アメリカ探偵作家からグランド・マスターズ賞を受賞する。
1956	66歳	女王からCBE（大英勲章3位）を叙勲。
1960	70歳	マックスがCBE（大英勲章3位）を叙勲。

1930年代初頭にフランス北部のアブベ・マリーに滞在中、別荘に飾られていた詩の絵から本作の着想を得たとされる。

本作は、彼女が書いた中で最も難しかったとクリスティ自身が語っている。10人の登場人物が次々と殺されていくというプロットを考えるのにとても苦労したそう。

1964年9月 オランダ
スキポール空港にて
74歳のアガサ

1968	78歳	夫マックスが、考古学の分野で貢献を認められ、ナイトの称号を得る。
1970	80歳	80冊目のミステリー『フランクフルトへの乗客』を発表する。
1971	81歳	DBE（大英勲章2位）を勲章。
1973	83歳	心臓発作により、作家活動は中止される。
1974	84歳	『オリエント急行殺人事件』の映画版の初日に姿を見せたが、これがアガサの最後の公の場となった。
1975	85歳	戦争中に執筆していたポアロ最後の事件『カーテン』が発表される。
1976	86歳	1月12日、85歳で静かに息を引き取る。ウォーリングフォード近郊のチョルシーにあるセント・メアリの教会に埋葬される。戦争中に書いていたミス・マープル最後の事件『スリーピング・マーダー』が出版される。
1985		英米で『そして誰もいなくなった』というタイトルに統一される。

> 1970年代、イギリスで『10人のインディアン』というタイトルが使われるようになる。

登場人物

《兵隊島に集められた10人》(see pp.12–17)

Lawrence Wargrave ローレンス・ウォーグレイヴ：高名な元判事。

Vera Claythorne ヴェラ・クレイソーン：家庭教師・秘書などをなりわいとする若い女性。

Philip Lombard フィリップ・ロンバード：東アフリカでの従軍経験を持つ元軍人。

Emily Brent エミリー・ブレント：厳格で信仰心のあつい老婦人。

John Macarthur ジョン・マッカーサー：退役した老将軍。通称General Macarthur（マッカーサー将軍）。

Edward Armstrong エドワード・アームストロング：医師。オーウェン夫人の健康診断のため兵隊島に招待された。

Anthony Marston アンソニー・マーストン：スポーツカーを乗り回す派手な外見の青年。愛称はTony（トニー）。

William Blore ウィリアム・ブロア：探偵。Davis（デイヴィス）という偽名で兵隊島に潜入する。

Thomas Rogers トーマス・ロジャーズ：兵隊島の洋館で働く執事。

Ethel Rogers エセル・ロジャーズ：トーマスの妻。洋館で働く料理人。

《その他》

U. N. Owen U・N・オーウェン：兵隊島の持ち主。何らかの意図をもって10人を島に集めた謎の人物。

Fred Narracott フレッド・ナラコット：毎朝ボートで食料や郵便物を兵隊島に届けにくる男性。

And Then
There Were None

PART I

Chapter One （日本語訳 ☞ p.154）

TRACK **01**

①Sitting in the first-class train car, Judge Lawrence Wargrave smoked his cigar and glanced at his watch—the train would reach Devon ②in two hours.

Mr. Wargrave sat back and thought about all the news reports ③on Soldier Island. First, a rich American ④had bought the little island and built a large house on it. But his wife ⑤ended up hating the place, so they left, putting the island and the house up for sale.

After that, the papers reported that a man ⑥named Mr. Owen had bought the property. Then all the gossip writers started printing other stories: ⑦that a Hollywood actress had bought Soldier Island; that the house ⑧was to be a vacation home for British royalty; that the navy was using it to conduct secret experiments. Nobody seemed to know which story was true, but Soldier Island was ⑨news indeed!

Mr. Wargrave pulled a letter out of his pocket and read it again. The writing was almost impossible to read, but some of the words were written very clearly:

Dear Lawrence… ⑩it's been years since I've heard from you…
you must come to Soldier Island…a charming place…so
much to talk about…old days…bask in the sun…12:40 from
Paddington Station…meet you at Oakbridge…

It was signed "Constance Culmington."

The last time Mr. Wargrave had seen Lady Culmington was seven years ago. Back then she was going to Italy to "bask in the sun."

Chapter One

① sitting は**分詞構文**で、主語は Judge Lawrence Wargrave。「(1等車両の座席に)座って」の意味。

② この in は「〜後」の意味。

③ この on は「〜に関する」の意味。about とほぼ同じ。

④ had bought と**過去完了形**によって、この物語が展開している時点よりも前に起こったことが表されている。ただし、以降は built、ended (up) など**単純過去**が使われ、連続する事柄についての時間情報が単純化されている。米語では珍しい表現方法ではないようで、次の段落以降でも同じパターンが繰り返し使われている。

⑤ end up -ing で「結局〜となる、〜で終わる」の意味。この -ing は**動名詞**。

⑥「〜に(…と)名付ける」の意味の動詞 name の**過去分詞**が、**a man を後置修飾**している。a man named Mr. Owen で「オーエンという名前の男」の意味。

⑦ 以下、that 節が続けて3つ併置されている。いずれも直前の other stories と**同格の節**で、「〜という(他の説)」の意味。

⑧ be to do は「〜する予定だ」の意味。ここでは「(別荘に)なることになっていた」の意味。

⑨ news は**不可算名詞で単数扱い**される。

⑩ since(〜以来)を挟んだ節では、前半に現在完了形が、後半に過去形が用いられるのが原則だが、特に米語では**後半の節の状態が今も継続中であれば現在完了形**が用いられる。It's been years since I heard from you last. のように、last などで過去の1点が明確化されていれば、since 節の時制は単純過去でよい。

WORDS

□judge [名]《法律》判事、裁判官　□glance at 〜をちらっと見る　□sit back〔椅子に〕深く腰かける　□end up –ing 結局[最後には]〜することになる　□put ~ up for sale 〜を売りに出す　□vacation home 別荘　□navy [名]〔国の〕海軍　□indeed [副]たしかに　□charming [形]魅力的な　□bask [動]〔光などを〕浴びる、日光浴をする

Constance Culmington, Mr. Wargrave thought, was exactly the kind of woman who would buy an island and surround herself in mystery! [11]Feeling sure about this, he settled back comfortably and fell asleep.

* * *

Vera Claythorne leaned her head back and shut her eyes. It was such a hot day to travel by train! It would be nice to get to the sea. [12]It was lucky that she had gotten this summer job. The offer had been a surprise. She had received a letter that read:

> *I received your name from the Skilled Women's Agency. I* [13]*would be glad to pay the salary you ask. Please start work on August 8. Take the 12:40 train from Paddington and you will* [14]*be met at Oakbridge Station.*
>
> *Yours truly,*
> *Una Nancy Owen*

The address at the top of the letter read Soldier Island, Devon. Vera had read all about Soldier Island in the newspapers. She was glad to have this summer job.

Suddenly, [15]with a cold feeling around her heart, she thought, "I'm *very* lucky to have this job. Employers don't like coroner's inquests, even if the coroner [16]did [17]find me innocent!"

The inquest had gone very well, she had thought. Even Mrs. Hamilton had been very kind to her. Only Hugo—but she stopped herself. She told herself she mustn't think of Hugo anymore.

Suddenly, in spite of the hot day, Vera shivered and wished she wasn't going to the sea. In her mind she saw a clear picture: [18]Cyril's head in the water as he swam to the rock. She swam

⑪ feeling は**分詞構文**で、主語は he。「（これについて）確信しながら」の意味。

⑫ 文頭の it は that 以下を表す**形式主語**。「（この夏の仕事が入ったのは）幸運だった」の意味。

⑬ would be は**仮定法過去**。「（ご希望の給料を支払うことになるとすればうれしく思う）でしょう」つまり「喜んで希望額を支払います」ということ。

⑭ meet には「～を出迎える」という意味がある。ここではそれが**受動態**になっている。

⑮ with から heart までが**挿入句**。本来、直後の she thought に続けるのが自然だが、thought と "I'm very lucky ..." という引用箇所を連続させたほうが分かりやすいことから、挿入句の形を使って順序を入れ替えている。

⑯ この did は続く**動詞 find を強調**したもの。did find me innocent で「（事実）間違いなく、私を無実と判断した」の意味。

⑰ 「find someone ＋形容詞」の形で「～（人）が…であると分かる」の意味。

⑱ ここでは Cyril's head の直後に was が**省略**されている。

WORDS

□ surround ［動］〔状況などが人を〕包む、周りに漂う　□ feel sure 確信する　□ settle back ゆったりともたれる　□ fall asleep 眠りに落ちる　□ by surprise 不意に □ Yours truly 敬具《手紙の結句》　□ coroner's inquest 検視官の審問 □ innocent ［形］《法律》無実の、潔白な　□ in spite of ～にもかかわらず　□ shiver ［動］〔寒さ・恐怖などで身体が〕震える　□ clear picture 鮮明な［はっきりとした］像

behind him, but she knew she wouldn't be there in time...

* * *

Philip Lombard was thinking about the job he had taken on. Mr. Isaac Morris had been so mysterious about it all.

Mr. Morris, a [19]rather questionable character, had offered Lombard a hundred guineas to do [20]something odd. Lombard had needed the money badly, and Mr. Morris had known it.

"My client told me to give you this money," Morris had said, "and in return you will travel to Devon. You will be met at Oakbridge Station and taken to Soldier Island. From there, you will be under the care of my client. You should take your gun."

"You understand I can't do anything—illegal?" said Lombard.

Mr. Morris simply nodded his head.

"Well," Lombard thought, "I've certainly done some questionable things before and I've always gotten away with them!"

Now, as he sat on the train on his way to Soldier Island, he thought he might enjoy himself on this strange job.

* * *

In a non-smoking train car, Miss Emily Brent sat up very straight, as she always did. She was sixty-five years old and she thought the younger generation was too relaxed about their posture, their behavior, about *everything*.

Miss Brent was traveling to Soldier Island for a summer holiday. In her mind she re-read the letter that she had already read so many times:

Dear Miss Brent,

I hope you remember me. We met at the Belhaven Guest House some years ago. I am starting my own guest house on an island

⑲ 副詞 rather は、ここでのように「**a rather ＋形容詞＋名詞**」の形で使われると「**か
なり、相当**」の意味になる。

⑳ **something を修飾する形容詞**（ここでは odd）**は、something の後ろに置かれ
る**。anything の場合も同じ。

WORDS

□in time 時間内に、間に合って　□take on〔仕事・責任などを〕引き受ける
□guinea［名］ギニー《英国の旧通貨単位》　□badly［副］とても、非常に《need, want など
を修飾する》　□under the care of 〜の世話になって　□get away with うまく逃れる
□on one's way to 〜に向かっている途中で　□enjoy oneself 楽しむ　□sit up 姿勢正
しく座る　□re-read［動］〜を再読する[読み返す]

²¹off the coast of Devon. I think you might enjoy staying as my guest, ²²free of charge. It is a quiet place. ²³Would early August suit you? Perhaps the 8th.

Yours truly,
U. N. O.

The signature was very hard to read. Miss Brent thought, "So many people have messy signatures."

She tried to remember the people she had met at Belhaven. She had been there two summers in a row. There had been a nice middle-aged woman, and there had been someone named Mrs.—what *was* her name? Olten—Ormen—No, it was Oliver! Yes, Mrs. Oliver.

So Mrs. Oliver had bought Soldier Island! There had been so much about it in the news—something about a movie star ²⁴buying the place...

"Anyway," thought Miss Brent, "at least I shall get a free holiday."

* * *

General Macarthur ²⁵looked out the train window and tried to figure out who ²⁶this Owen fellow was. He was supposed to be a friend of Spoof Leggard's. The letter had read, "One or two of your old buddies are coming—²⁷it'd be nice to have a talk about old times."

Well, Macarthur thought, he'd enjoy talking about old times. Lately he'd been getting the feeling that others were avoiding him. And it was all because of that rumor about something that had happened thirty years ago! Well, ²⁸it was no good worrying about these things now.

㉑ off the coast of ~ の形で「~の沖合に」の意味。この **off は前置詞**。

㉒ free of charge は「無料で」の意味の**副詞句**。

㉓ この would suit は**仮定法過去**。「8月だとしたら都合は合いますか？」の意味。

㉔ この buying は**動名詞**で、**前置詞 about の目的語**となっている。直前の a movie star が動名詞 buying の**意味上の主語**。

㉕ 「窓から外を見た」の意味で、この **out は「~から（外へ）」の意味の前置詞**。

㉖ 「このオーエンという男」の意味。ここでは Owen と fellow が**文法的に同格**の関係にある。

㉗ 「（昔のことについて）話すのであれば楽しいだろう」の意味。it'd は it would の縮約形で、この would は**仮定法過去**。it は to have a talk を指す**形式主語**である。

㉘ it is good -ing の形で「~するのはうれしい」の意味。ここでは no で否定されており、「（心配するのは）うれしくない = 心配しても仕方ない」ということ。

WORDS

□free of charge 無料で　□messy [形]乱雑な、汚い　□in a row 続けて、立て続けに　□middle-aged [形]中年の　□anyway [副]とにかく　□General [名]《軍事》将軍、軍司令官　□figure out ~であるとわかる、理解する　□fellow [名]男、やつ　□be supposed to ~と考えられている、~とされている　□buddy [名]〈話〉友だち、相棒　□rumor [名]うわさ、風評　□be no good 少しもよくない

Soldier Island would be interesting to see. There was certainly a lot of gossip about it. But the train was still in Exeter! There was still an hour [29]to wait. General Macarthur didn't want to wait...

* * *

Dr. Armstrong was driving across Salisbury Plain and was feeling very tired. Due to the success of his medical practice, he had become a busy man. He had little time to rest. That's why, on this August morning, he was glad that he was leaving London to spend a few days on Soldier Island. Of course, it wasn't exactly a vacation; he would be working. He had received a letter asking for his services. It had come with a huge payment! Someone named Mr. Owen was worried about his wife's health and wanted a doctor's opinion.

[30]These Owens must be rolling in money, thought Dr. Armstrong. He knew he was lucky to be so sought-after, especially after that terrible event fifteen years ago. He had almost ruined everything! But he had gathered his wits, and he had even stopped drinking. Now he was back on track.

Suddenly [31]a screaming car horn brought Dr. Armstrong's mind back to the road. An enormous sports car [32]rushed past him. Dr. Armstrong almost went off the road.

"Watch out!" he cried angrily after the young man speeding away.

* * *

Tony Marston, [33]speeding down the country road, thought to himself, "Too many cars on the road! There's always something getting in your way."

There were only [34]a hundred or so more miles to go. Perhaps he would stop for [35]a gin on ice. Perfect on a hot day! He began looking for a hotel as he drove.

㉙ **to不定詞の形容詞用法**。直前の名詞 (an) hour を修飾している。

㉚ この Owens とは、Mr. Owen と his wife の2人を指している。**人の姓を複数形で用いると、「〜家の人々、〜家の家族」の意味を表す**。

㉛ a screaming car horn（けたたましいクラクションの音）という抽象的な名詞句が文の主語となっている。このような、**人以外の事物を表す主語は無生物主語**と呼ばれる。

㉜ 「猛スピードで彼を追い越した」の意味。この **past は「〜を通り越して」の意味の前置詞**。

㉝ speeding は**分詞構文**で、「（田舎道を）スピードを出して走りながら」の意味。この **down は「〜に沿って」の意味の前置詞**。

㉞ 「進むべきはあと100マイルかそこらだ」の意味。a hundred more miles（あと100マイル）の **hundred の直後に or so（〜かそこら）が挟み込まれている**。

㉟ a gin は「1杯のジン」。on ice で「氷入りで、オンザロックで」の意味。この**前置詞 on は「接触」を表して**おり、酒と氷が触れ合った状態にあることが伝わる。

WORDS

□gossip［名］うわさ、陰口　□plain［名］平野、平原　□practice［名］(医師などの専門職の) 仕事、実務　□little［形］ほとんどない　□roll in〔金などが〕どんどん入ってくる、あり余る　□sought-after 評判の、引っ張りだこの　□wit［名］《wits 形で》分別、正気　□back on track〔人が〕立ち直って　□go off the road 道から外れる　□Watch out! 気をつけて！危ない！　□think to oneself〔声に出さずに〕心の中で思う、ひそかに考える

His friend Badger had found some people named Owens and had written to him, inviting him to their island. Tony hoped the Owens were rich and would provide everyone with enough drinks. ³⁶It's just that Badger wouldn't know who was really rich or not—he hadn't been born into money like Tony had. It was too bad that story about that Hollywood star ³⁷buying the island wasn't true. He ³⁸would have liked mixing with movie stars. Tony looked like a movie star himself, with his six-feet of well-built body, his blonde hair, tanned face, and deep blue eyes.

But right now it was time to find a drink. He stepped on the gas and sped down the road.

* * *

³⁹Sitting on the train, Mr. Blore was making a list in his notebook.

"That's all of them," he said to himself. "Emily Brent, Vera Claythorne, Dr. Armstrong, Anthony Marston, Judge Wargrave, Philip Lombard, General Macarthur. The butler and wife: Mr. and Mrs. Rogers. Then, of course, ⁴⁰there's me."

Blore looked at his reflection in the window. He was a large man, still in his prime. His gray eyes showed very little expression.

"I might be somebody in the army," he thought, but then corrected himself. "No, there's General Macarthur. He'd know right away that I was lying."

Mr. Blore thought some more. "Well then, South Africa! That's perfect. None of these people have anything to do with South Africa, and I just read that book about it, so I can talk about it well."

Luckily for Mr. Blore, there were all types of people who went to live in the British colonies. He could easily make up some story

㊱ It is just that ~ の形で「ただ〜というだけのことだ」の意味。that以下には節が来る。**it は that 節を指す形式主語。**

㊲ この buying は**動名詞**で、**前置詞 about の目的語**となっている。直前の that Hollywood star が動名詞 buying の**意味上の主語。**

㊳ 「気に入ることになっただろう」の意味の**仮定法過去完了**。実際にはそうならなかったことが示されている。

㊴ sitting は**分詞構文**で、「列車内に座ったまま」の意味。

㊵ 「**There is 構文**」では、通例、is に続く部分に不特定の事物を表す名詞が置かれるが、分かっているはずの事物・人物の存在を思い出させたり気づかせたりするために、**あえて代名詞などの特定の情報**を置くことがある。この me はその例。

WORDS

□ be born into 〜に生まれる　□ mix with 〜とつき合う、交際する　□ tanned［形］〈英〉日焼けした　□ step on the gas〔自動車の〕アクセルを踏む　□ in one's prime 働き盛りの　□ lie［動］うそをつく［言う］　□ luckily for（人）にとって幸いなことに
□ some ~ or another 何らかの〜

or another.

^㊶With that settled, Mr. Blore turned his mind to Soldier Island. He remembered seeing it as a boy. It was just a bit of rock in the sea about a mile from the coast. ^㊷Funny that anybody would want to build a house on it, but rich people were always full of funny ideas, he thought.

Chapter Two （日本語訳 ☞ p. 158）

TRACK 02

When a little group of people had gathered at Oakbridge Station, a driver stepped forward.

"Are you all going to Soldier Island?" he asked.

The group, ^①eyeing each other, nodded.

"There are two cars here," said the driver. "We'll take you to the boat, ^②which will take you to the island."

The group made their introductions to each other and got into the waiting cars. As they drove through the country roads, each kept their thoughts to themselves.

* * *

The cars brought them to a dock, ^③where a man was waiting.

"Are you ready to go to the island, ladies and gentlemen?" the man asked. "There are two other gentlemen coming, but Mr. Owen's orders were not to wait for them as they could arrive at any time." The man then led the group to a motorboat.

"It's beautiful weather for a boat ride," said Philip Lombard pleasantly as they all climbed into the boat. "The sea is ^④as calm

㊶ 「with＋名詞＋形容詞または分詞」の形で、「〜が…の状態で」という**付帯状況**を表す。ここは「それが決まった状態で、そう決まったので」の意味。

㊷ Funny that 〜は「〜というのは奇妙だ」の意味で用いられる口語表現で、**It's funny that 〜のIt'sが省略**された形。

Chapter Two

① 「互いに目配せしながら」の意味。eyeingは**分詞構文**。ここでは**挿入句**として用いられている。

② **関係代名詞whichの非制限用法**。ここではwhich以下をand it will take you to the islandと言い換えることができる。

③ **関係副詞whereの非制限用法**。ここではwhere以下をand there a man was waitingと言い換えることができる。なお、**非制限用法を持つ関係副詞はwhereとwhen**だけ。

④ 「as＋形容詞＋as can be」の形で「この上なく〜で」の意味を表す。

WORDS

□turn one's mind to 〜に関心[目]を向ける □step forward 前に出る、進み出る □eye［動］〜に目をやる、〜を見る □keep one's thoughts to oneself 自分の考えを包み隠す[表に出さない] □dock［名］波止場、ドック □could 〜 at any time いつ〜するかわからない、いつ〜してもおかしくない □pleasantly［副］愛想よく、愉快に

as can be."

Just then, they heard a car horn and turned to look at the road coming from the village. A beautiful car ⑤driven by a young man was speeding toward them. In the evening light, ⑥with his hair blowing in the wind, Anthony Marston looked more like a god than a mere man. But they would all discover soon enough ⑦how mortal he was.

* * *

As the boat neared the island, the house came into view. ⑧A beautiful, modern building, it stood on a cliff looking over the south side of the island. Fred Narracott, the boat driver, guided them onto a little beach. Steep stairs that were cut into the cliff led up to the house. As Fred tied up the boat, Philip Lombard remarked, "⑨Must be difficult to land here in bad weather."

"It's impossible to land on Soldier Island when there's a storm. Sometimes it's cut off for a week or more," replied Fred.

The guests climbed the stairs ⑩thinking about this unpleasant fact, but as soon as they reached the house, their spirits lifted. A very proper, tall butler with gray hair was waiting for them on the terrace. The house itself was very impressive, and the view was magnificent.

The butler came forward and bowed.

"Will you come this way, please," he said. The group followed him into the wide hall, ⑪where drinks stood ready. There were rows of bottles. Anthony Marston cheered up. This was what he'd hoped for.

As the group helped themselves to drinks, the butler introduced himself as Mr. Rogers. Mr. Owen, ⑫he announced, was delayed and would not arrive until tomorrow. He hoped the guests would find everything they wanted and were welcome to

⑤ drive の**過去分詞**driven で始まる句 driven by a young man が、（a beautiful）car を**後置修飾**している。

⑥ 「with ＋名詞＋形容詞または分詞」の形で、「～が…の状態で」という**付帯状況**を表す。ここは「彼の髪をなびかせた状態で」の意味。

⑦ 「どれほど彼が死を免れないか＝彼が確実に命を落とすこと（を知ることになる）」の意味。

⑧ ここの it は前文の the house を指しており、文頭の A beautiful, modern building は it、つまり the house に**説明を加える役割**を果たしている。文法的には、A beautiful, modern building と it は**同格**。

⑨ 文頭に、to land 以下を指す**形式主語 it が省略**されている。

⑩ thinking は**分詞構文**で、「（この不愉快な事実について）考えながら」の意味。

⑪ **関係副詞 where の非制限用法**。ここでは where 以下を and there drinks stood ready と言い換えることができる。なお、stand ready は「すっかり用意ができている、手ぐすね引いて待っている」の意味。

⑫ He announced (that) Mr. Owen was delayed ... の **he announced** の部分が切り離され、**Mr. Owen の直後に挿入**されている。

see their bedrooms. Dinner would be served at eight o'clock...

* * *

Vera followed Mrs. Rogers, the cook, to her bedroom. Mrs. Rogers threw open the windows and the sunlight revealed a beautiful room.

"You can ring the bell if you need anything, miss," said Mrs. Rogers. What a pale, frightened-looking woman, thought Vera. Her eyes darted from place to place, ⑬<u>as if she were</u> afraid of something.

Vera said cheerfully, "I expect you know I'm Mrs. Owen's new secretary?"

"No, miss, I don't know anything. I just have a list of the ladies and gentlemen and what rooms they're to have. I haven't even seen Mrs. Owen yet. We only came here two days ago."

"What strange people!" thought Vera as Mrs. Rogers left the room.

Vera looked at her surroundings. It was a nice, comfortable room, very modern, with white rugs. ⑭<u>On the shelf over the fireplace was a large block of white marble in the shape of a bear.</u> It had a clock set in it. ⑮<u>Above that, hanging on the wall, was a framed poem.</u> It was an old nursery rhyme Vera remembered from her childhood.

Ten little soldier boys went out to dine;
One choked his little self and then there were Nine.

Nine little soldier boys stayed up very late;
One overslept and then there were Eight.

Eight little soldier boys traveling in Devon;
One said he'd stay there and then there were Seven.

⑬ **as if ～の節中では**、話者が内容について事実ではない、あるいは確信度が低いと考えていれば**仮定法が用いられる**。その場合の時制は、主節の時制にはよらず、あくまでも主節との時間関係によって決まる。**主節の内容と同じタイミングであれば仮定法過去が、主節の内容よりも時間的に前のことであれば仮定法過去完了**が使われる。

⑭ 物の存在場所を強調するために、語順の**倒置**が起こっている。A large block of white marble in the shape of a bear was on the shelf over the fireplace. が通常の語順。

⑮ ⑭と同種の**倒置**が起きており、加えて hanging on the wall という**分詞構文**が挿入されている。

WORDS

□throw open 〔ドアや窓を〕さっと開ける　□reveal［動］〔隠されていた物を〕見せる、さらけ出す　□pale［形］〔顔色などが〕青白い、青ざめた　□dart［動］すばやく動く　□from place to place あちこちに　□as if まるで～かのように　□surrounding［名］《one's surroundings で》周囲のもの［状況］　□nursery rhyme 童謡　□dine［動］食事をする　□choke［動］窒息する、息が詰まる　□stay up late 夜ふかしをする

Seven little soldier boys cutting up sticks;
  One cut himself in half and then there were Six.

Six little soldier boys playing with a hive;
  A bumblebee stung one and then there were Five.

Five little soldier boys studying law;
  One got into Chancery and then there were Four.

Four little soldier boys going out to sea;
  A red herring swallowed one and then there were Three.

Three little soldier boys walking in the zoo;
  A big bear hugged one and then there were Two.

Two little soldier boys sitting in the sun;
  One got burned up and then there was One.

One little soldier boy left all alone;
  He went and hanged himself and then [16] *there were None.*

Vera smiled. Of course! Soldier boys, for Soldier Island! What a fun idea, she thought.

* * *

Dr. Armstrong came to Soldier Island just as the sun was sinking into the sea. As Fred Narracott drove the boat to the island, Dr. Armstrong thought to himself how nice [17] it was to get away from it all—the office, the patients, the real world.

[18] The first person he met after climbing the steps from the beach was an old gentleman sitting on the terrace. He looked familiar.

⑯ 本書のタイトルでもあるキーフレーズの一部。「一つもない、一人もいない」ことを表す**none は no の代名詞に相当する語**で、原則的に**複数に一致**するため、ここでは were が用いられている。単数に一致させても誤りではない。

⑰ how で始まる感嘆節の中で、it が to get away 以下を指す**形式主語**となっている。

⑱ 下線部全体が、文の**長い主語**（**主部**）。

□ stick［名］〔燃料の〕薪　□ hive［名］ミツバチの巣（箱）　□ sting［動］〔針・とげなどで〕～を刺す　□ chancery［名］大法院　□ red herring 燻製のニシン　□ left all alone ひとり取り残される　□ hang oneself 首をつって自殺する　□ get away from ～から離れる［逃れる］　□ familiar［形］見覚え［聞き覚え］のある

"Where have I seen him before? Oh! Judge Wargrave! I testified before him at a trial once," thought Armstrong. ⑲The old judge was known for having great power over the jury. This was a strange place to meet him again.

Mr. Wargrave thought to himself, "Armstrong? I remember him as a witness."

"Drinks are in the hall," was the judge's greeting.

"I must pay my respects to my host and hostess first," said Dr. Armstrong.

"You can't. They're not here," grumbled Wargrave. "Do you know Constance Culmington?"

"I'm afraid I don't," replied Dr. Armstrong.

"It doesn't matter," said Wargrave. "⑳I was just wondering if I'd come to the wrong house."

Dr. Armstrong went inside as Rogers came out. The judge asked, "Is Constance Culmington coming?"

"㉑Not to my knowledge, sir," said Rogers.

The judge's eyes widened, but he said nothing.

Chapter Three （日本語訳 ☞ p. 161）

TRACK 03

Dinner was ending. The food had been good and ①the wine excellent. Everyone was in a better mood. They had begun to talk to each other more openly.

Judge Wargrave, ②influenced by the wine, was rather amusing. Dr. Armstrong and Tony Marston were listening to him. Miss

⑲ 2文前のJudge Wargraveを言い換えたもの。人物を言い換えるときには、このように、その**人物の職業や国籍などの属性を表す語句**が用いられることが多い。

⑳ was wonderingと**過去進行形**になっているのは、**言葉に丁寧さを付け加えるため**である。I wonder if ~ という表現の場合、I was wondering if ~ が最も丁寧で、次いでI'm wondering if ~、最も丁寧さの度合いが低いのがI wonder if ~ だと言われる。

㉑ The person [Constance Culmington] is not coming to my knowledge. を短くした形。to someone's knowledgeは「~の知る限りは」の意味の定型句。

Chapter Three

① ここでthe wineとexcellentの間に、**had been が省略**されている。

② being influenced（酔って）という**分詞構文のbeingが省略**された形。分詞構文においてbe動詞は省略されやすい。

WORDS

□jury [名]陪審員　□witness [名]証人、参考人　□pay one's respects 敬意を表する、挨拶に行く　□grumble [動]ぼやく、不平を言う　□it doesn't matter 構わない[問題ない]　□to my knowledge 私の知る[知っている]限り（では）　□widen [動]大きくなる、広くなる　□openly [副]率直に、隠し立てせずに

Brent and General Macarthur had discovered they had mutual friends. Vera Claythorne was asking Mr. Davis about South Africa. Lombard listened to the conversation. Once or twice he looked up quickly and watched Davis with narrowed eyes.

Suddenly Tony Marston pointed to the center of the table.

"③Funny, aren't they?" he said. ④Arranged there were ten little china figures. "Soldiers, for Soldier Island. I suppose that's the idea."

"They're the ten soldier boys in the poem!" said Vera. "It's framed in my bedroom."

"In my room too," said Lombard.

"And mine."

Everybody said the same.

"It's a fun idea, isn't it?" said Vera.

"Very childish," said Wargrave as he poured himself more wine.

The party moved to the drawing room. The French windows were open, and the sound of the sea floated in. The guests made small talk with each other as Rogers served coffee. The coffee was very good—black and hot.

⑤Into this comfortable scene suddenly came The Voice. It came without warning, ⑥shattering the peace:

"Ladies and gentlemen! Silence please!"

Everyone looked at each other in surprise. Who was speaking? The Voice continued:

"You are charged with the following crimes:

"Edward Armstrong, you caused the death of Louisa Mary Clees on March 14, 1925.

③ **文頭に They are が省略されて**おり、They are funny, aren't they? が完全な形。

④ **意味の強調のための倒置**が起こっている。arranged there（そこに並べられていた）が強調されている。Then little china figures were arranged there.（10体の小さな陶器の人形がそこに並べられていた）が通常の語順。

⑤ into this comfortable scene（この心地良い場に割って入って）を強調する**倒置文**。Suddenly The Voice came into this comfortable scene. が通常の語順。

⑥ shattering は**分詞構文**。「平穏を破って」の意味。

"Emily Brent, you were responsible for the death of Beatrice Taylor on November 5, 1931.

"William Blore, you brought about the death of James Landor on October 10, 1928.

"Vera Claythorne, you killed Cyril Hamilton on August 11, 1935.

"Philip Lombard, on a day in February 1932, you were guilty of the death of twenty-one men who were members of an East African tribe.

"John Macarthur, on January 4, 1917, you sent your wife's lover, Arthur Richmond, to his death.

"Anthony Marston, on November 14 of last year, you murdered John and Lucy Combes.

"Thomas Rogers and Ethel Rogers, you brought about the death of Jennifer Brady on May 6, 1929.

"Lawrence Wargrave, you were guilty of the murder of Edward Seton on June 10, 1930.

"Prisoners, ⑦have you anything to say in your defense?"

* * *

The Voice stopped. There was a great crash as Rogers dropped the coffee tray. ⑧From outside the room came a scream and a thud.

Lombard ran to the door and found Mrs. Rogers lying in the hall. Tony Marston ⑨helped him move the woman to the sofa in the drawing room. Dr. Armstrong came over quickly to examine her.

⑦ Have you ~?という疑問形はDo you have ~?と同じ意味で、主にイギリス英語での用法。堅苦しい響きがある。

⑧ from outside the room（部屋の外から）が強調された**倒置文**。A scream and a thud came from outside the room. が通常の語順。

⑨ **動詞helpの語法**。特に米語ではこのように「help＋人＋原形（不定詞）」の形が用いられ、「～が…するのを助ける」の意味を表す。

□be responsible for ～に対して責任がある　□bring about〔徐々に〕～をもたらす　□be guilty of ～の罪を犯している　□prisoner［名］被告人　□in defense ～を擁護しようとして　□thud［名］ドサッという音《鈍い衝撃音》　□lie［動］〔人などがある場所に〕横たわる　□examine［動］〔患者の健康状態を〕検査［診察］する

"She's fine," he said. "She just fainted." He told Rogers to get some brandy. As Rogers, [10]his face white and his hands shaking, left the room, Vera cried out, "Who was that speaking? Where is he?"

"What's going on here?" joined in General Macarthur.

"That voice sounded [11]like it was in the room," said Lombard, [12]his eyes moving around the walls. He suddenly moved to a door near the fireplace and threw it open. [13]Inside the next room was a table with a record player on it.

"Here it is!" he said. All the others crowded around him. Only Miss Brent stayed sitting in her chair.

Inside the room, the record player and table were moved up close against the wall. Lombard found two or three small holes that had been made in the wall to [14]let the sound through into the drawing room. He placed the needle on the record and immediately, they heard again, *"You are charged with the following crimes—"*

"Turn it off!" cried Vera.

Dr. Armstrong said with some relief, "I suppose it's just a terrible joke."

"But who turned it on?" asked Marston.

"Yes," said the judge. "Let's find out." He led the way back into the drawing room.

Rogers had just come in with the brandy, and Miss Brent was helping Mrs. Rogers sit up.

"Ethel, you're all right. Everything is all right. You must pull yourself together," Rogers was saying to his wife.

"Mrs. Rogers, you just had a bad shock," said Dr. Armstrong. Turning to Rogers, he demanded, "Where's that brandy?"

Rogers had set it down on a nearby table. The doctor handed it to Mrs. Rogers. She drank a little, and it seemed to do her good.

⑩ his face と white の間に省略された being と、shaking が**分詞構文。主節と異なる主語 his face と his hands が明示**されている。ここは As Rogers, ... left the room, の部分が主節で、その中がさらに主節と分詞構文に分かれるという入れ子構造になっている。

⑪ この **like は接続詞**で、it was in the room という節を導いている。接続詞 like を従える動詞として、ここの sound 以外に act、feel、look などが挙げられる。

⑫ moving が**分詞構文**で、**主節の主語（Lombard）と異なる his eyes という主語が明示**されている。

⑬ inside the next room（隣の部屋の中）が強調された**倒置文**。A table with a record player on it was inside the next room. が通常の語順。

⑭ ここの **through は「通り抜けて」の意味の副詞**。「let ＋ 名詞 ＋ 副詞・形容詞・前置詞」の形で「〜を…（の状態）にする」の意味。

WORDS

□ faint ［動］気絶する、失神する　□ crowd ［動］押し寄せる、群がる　□ immediately ［副］〜するとすぐに　□ pull oneself together 自分を取り戻す、立ち直る　□ demand ［動]〔必要なものを〕求める、〜を必要とする　□ do ~ good 〜に効果がある［役に立つ］、〜のためになる

"She's feeling much better now, thank you, doctor," said Rogers. "I was quite shocked too, I dropped my tray..."

He was interrupted by Judge Wargrave. "Who put that record on?" the judge asked Rogers. "Was it you?"

"I had no idea what it was!" cried Rogers. "I was just obeying orders, sir!"

"[15]You'd better explain," said the judge.

"Mr. Owen told me to play a record. He said I'd find the record in the room there, and my wife was to put it on as I served coffee in the drawing room. That's the truth, I swear!"

"That's ridiculous!" burst out General Macarthur. "This Owen, whoever he is—"

"But who *is* he?" asked Miss Brent.

"That is exactly what we must figure out," said the judge. "Rogers, I [16]suggest you take your wife to her bed first. Then come back here."

"I'll give you a hand," said Dr. Armstrong.

The two men led Mrs. Rogers out of the room.

"[17]I could use a drink," said Tony when they had gone. The others, except for Miss Brent, agreed, and everyone poured a drink. Soon Dr. Armstrong returned.

"She's all right," he said. "I gave her sleeping medicine. And I'll take a drink too." A moment later, Rogers also returned. Then Wargrave took charge. The room suddenly became a court of law.

"Now, Rogers, I want you to tell us what you know of this Mr. Owen."

"Well, I can't, sir. I've never met him. My wife and I have only been here a few days. We were hired [18]by letter, through the Regina Agency in Plymouth."

"A well-respected agency," said Mr. Blore, [19]nodding.

⑮ You'd better do. は「～しないと済まされない、～しろ」という命令に近いニュアンスの表現。

⑯ suggest（～を勧める）がthat節を従えると、**節内の動詞は必ず原形**になる。

⑰「1杯飲んでもいいだろう」の意味。このuseは「～（酒・たばこ・薬物など）を飲む」の意味の口語。

⑱「手紙で」の意味。この**byは交通や通信の手段を表す**もので、これに続く語句は**無冠詞**で用いられる。

⑲ noddingは**分詞構文**。「うなずきながら」の意味。

□interrupt［動］(人)の言葉を遮る、割って入る　□have no idea 全くわからない
□obey［動］～に従う　□had better ～したほうが身のためだ《省略形 'd better》　□I
swear. 本当です。誓います。　□ridiculous［形］ばかげた、おかしな　□burst out〔感
情を〕急に表す、激発する　□give someone a hand (人)に手を貸す、(人)を助ける[手
伝う]　□take charge 支配する、実権を握る　□court of law 法廷、裁判所　□well-
respected とても信用のある、大変評判の高い

"We [20]were to arrive on a certain day," continued Rogers. "Everything was in order here—plenty of food in stock, everything nice. Then we got orders—by letter again—to prepare for a house party. Yesterday I got a message from Mr. Owen saying he and his wife had been delayed and [21]to carry on as best as we could. He gave instructions about dinner and coffee and putting on the record."

"Surely you have that letter," said the judge.

"I do," said Rogers, [22]taking it out of his pocket and giving it to Wargrave.

"Hmm," said the judge. "It's typewritten and made out from the Ritz Hotel."

"[23]He's got some fancy names, doesn't he?" remarked Tony, looking over the judge's shoulder. "Ulick Norman Owen."

"Thank you, Marston, for pointing that out," said the judge. "I believe it's time for us to share all the information we have about our host. We are all his guests. How were we invited here?"

Miss Brent spoke first. "I received a letter from a woman who said we'd met two or three years ago. The signature was hard to read. I thought it said Oliver, or perhaps Ogden. I know [24]a Mrs. Oliver and also a Miss Ogden. But I'm sure I don't know anyone named Owen."

Miss Brent took the letter from her pocket and showed it to the judge.

"Miss Claythorne?" he said, turning to [25]the young lady.

Vera explained how she was employed as Mrs. Owen's secretary.

"Marston?" said the judge.

"I got a message from a friend of mine, Badger Berkeley. He told me to come here for a good time."

⑳ be to doという形にはいくつかの意味があるが、ここでは「〜することになっている」という**予定を表している**。were to arriveで「到着することになっていた」。

㉑ この**to不定詞**は、文の前半にある現在分詞sayingから続いている。say to doの形で「〜するように言う、〜するよう指示する」の意味。

㉒ takingとgivingで始まる2つの**分詞構文**が連続している。

㉓ このHe's got ...はHe has got ...の縮約形。**have gotはhaveと同義**。イギリス英語で多用される傾向がある。

㉔ Mrs. OliverとMiss Ogdenそれぞれに不定冠詞aが付けられている。**人名にaが付くと、「〜という名前を持つ不特定の人」の意味**を表す。a Mrs. Oliverは「オリバー夫人という名前を持つ人のうちの一人」の意味。

㉕ 文頭の引用符中のMiss Claythorneを**言い換え**たもの。

WORDS

□in order 整って、整頓されて　□plenty of たくさんの　□in stock 在庫の、買い置きの　□typewritten［形］タイプライターで打った　□make out 作成する、書き上げる
□fancy［形］風変わりな　□I'm sure ~. 〜は確かです。きっと〜です。　□good time 楽しい時、都合のよい時

"Armstrong?"

"I was called in to examine Mrs. Owen's health."

"General Macarthur?"

"Got a letter from this Owen fellow, saying a few of my friends were here. He invited me to join them."

"Mr. Lombard?"

Lombard [26] had been wondering if he should tell the group the truth. He decided against it. "Same sort of thing," he said. "Got a letter that mentioned mutual friends."

"Now we come to an interesting point," said Wargrave. "The voice on the recording mentioned all of us by name. One of the names was William Blore. However, there is no one named Blore among us. And the name Davis was *not* mentioned. Can you explain that, Mr. Davis?"

"I suppose there's no point in hiding it," he said. "I'm William Blore. I'm not from South Africa—"

"I knew it!" cried Lombard.

"And I run a detective agency in Plymouth," Blore continued. "I was put on this job by a Mr. Owen. He sent a large payment and instructed me to come here and act like a guest. I was given all your names, and I was to watch you all."

"For what reason?"

"For Mrs. Owen's jewels," said Blore. "But now [27] I don't believe there's any such person."

"I think you're right," said the judge, stroking his lip thoughtfully. "Ulick Norman Owen! In Miss Brent's letter, the first name was written clearly enough to be read: Una Nancy. They're the same initials. Ulick Norman Owen, Una Nancy Owen— [28] each time it is U. N. Owen. Or, [29] by a stretch of the imagination, UNKNOWN!"

㉖「（皆に真実を伝えるべきかどうか）ずっと迷っていた」の意味で**過去完了進行形**が使われている。続く He decided against it.（そうしないことに決めた）の decided に至るまでの**時間的継続**が表されている。

㉗「そのような人物はいないと思う」の意味。think や believe を用いた複文で「～ではないと思う」と言う場合、**think や believe を含む最初の節のほうを否定形にするのが原則。**

㉘ この **each time は**「～するたびに、毎回」の意味の副詞句。each time it is U. N. Owen で「オーエンの名前が出るたびに＝どちらの場合も（イニシャルは）U・N だ」ということ。

㉙ ここの stretch は「拡大解釈、こじつけ」の意味の名詞。通例、by any stretch of imagination（どうこじつけたところで）の形で否定的なニュアンスで用いられるが、ここでは any を a に代えて「拡大解釈すれば」の意味を表している。

WORDS

□ same sort of thing 同じようなこと　□ among ［前］〈文〉〔集団の〕中にいる　□ there's no point in ～してもしかたがない、何の意味もない　□ run ［動］運営・経営する　□ stroke ［動］〔手で〕～をなでる　□ thoughtfully ［副］考え込んだようすで　□ stretch of the imagination 想像力をふくらませること、こじつけ　□ unknown ［名］知られていない［未知の］人［もの］

"But that's crazy!" cried Vera.

"Yes," said the judge darkly. "㉙It appears our host may be a madman."

Chapter Four （日本語訳 ☞ p. 166）

TRACK **04**

The group ①fell silent.

"I was invited here by an old friend of mine, Lady Constance Culmington," continued the judge. "I have not seen her in many years, but recently I received a letter from her inviting me to meet her here." The judge pulled out the letter from his pocket and put it on the table.

"②This brings up an important point," he said. "③Whoever invited us all here knows us well, or has worked very hard to find out a good deal about us. He knows, for example, that I am friends with Lady Culmington. He knows Tony Marston's friend Badger and what kind of message he ④would send. He knows where Miss Brent was two summers ago."

He paused.

"And he has accused us of certain things," he said.

The group began to cry out, defending themselves against ⑤the crimes they had been accused of.

The judge raised his hand, ⑥silencing everyone again.

"I am accused of killing an Edward Seton," said the judge. "I remember Seton well. He came before me in court for murdering an old woman. His lawyer defended him well and the jury

㉙ It appears that ～ . (～のようだ) の構文。この構文において、**it は that 節を導入する働き**を担っている。この文では that が省略されているが、our host may be a madman の部分が that 節に相当する。

Chapter Four

① 「黙り込んだ」の意味。この **fell**（＝ **fall の過去形**）は、状態の変化を伝えるために **be 動詞の代わりに用いられる動詞**の一つ。同種の動詞に become、get、go などがあるが、fall は silent と相性が良い。

② this という「現状」を表す代名詞が文の主語となった、**無生物主語構文**の一つ。

③ 文頭の whoever は「誰であれ」の意味の**主格の関係代名詞**。whoever invited us all here という関係代名詞節全体が、この文の主語になっている。文の（述語）動詞は knows と has worked。

④ 「（もし彼ならどんなメッセージを）送りそうか」の意味の仮定法過去。

⑤ crimes と they の間に、**目的格の関係代名詞 that または which が省略**されている。

⑥ silencing は「そして（皆を再び）黙らせた」の意味の、**結果を表す分詞構文**。

WORDS

□ appear［動］(どうやら) ～らしい、(～と) 思われる　□ madman［名］狂人、血迷った人　□ fall silent (人が急に) 沈黙する、黙り込む　□ bring up (話題・問題などを) 持ち出す、指摘する、提示する　□ a good deal いろいろな～、かなりの～　□ pause［動］(動作を) 休止する、ためらう　□ accuse someone of (人) を～のかどで告発する、～という理由で (人) を非難する

believed Seton was innocent. However, ⑦given the evidence, I knew Seton was guilty. I convinced the jury of his guilt and sentenced him to death. I feel perfectly at peace on the matter. Justice was served."

Then Vera spoke up.

"I'm accused of killing a boy, Cyril. I was his governess. He wasn't allowed to swim far in the sea. One day, when I wasn't paying attention, he started swimming. I went after him, but I couldn't get there in time... It was awful... But it wasn't my fault. The coroner ⑧found me innocent. Even Cyril's mother did not blame me. It wasn't my fault!" She broke into tears.

General Macarthur ⑨patted her on the shoulder.

"There, there," he said. "Of course it's not your fault. This whole thing is madness."

Looking at the others, he said firmly, "⑩It's not true what that recording said about Arthur Richmond. Richmond was one of my officers. I sent him on a reconnaissance. He was killed. It's only natural in a war."

"Yes," said Lombard. "A war is a war. About those African men—I admit it, I left them. ⑪It was either save myself or save them. We were in the wild. I took what food I could and got out of there."

"You left your men to starve?" asked General Macarthur.

"Like I said, it was either save myself or save them," said Lombard.

Tony Marston spoke up then. "John and Lucy Combes... They must have been the kids I ran over in Cambridge. Terrible luck." Tony picked up his glass and went to the row of bottles on the table to refill it. "It wasn't my fault," he said over his shoulder. "It was just an accident!"

⑦ 「証拠を考えれば」の意味。この **given** は「〜を考慮に入れると」の意味の前置詞。

⑧ 「find ＋人＋形容詞」の形で、「人が〜だと思う［分かる］」の意味。

⑨ 「彼女の肩をたたいた」の意味。pat（〜を軽くたたく）は**接触動詞**と呼ばれる種類の動詞の一つで、「接触動詞＋人＋体の部位」の形で使われることが多い。このとき、「体の部位」を表す語句には the が付く。接触動詞には、他に catch、hit、pull、slap、touch などがある。

⑩ 文頭の it は what 以下の節を指す**形式主語**。

⑪ 「自分を救うか彼らを救うか（どちらか）の状況だった」の意味。**either A or B の構文では、A と B に文法的に対等なものが置かれる。**ここでは save myself と save them という「動詞＋目的語」が併置されて、全体で副詞句を構成している。

WORDS

□ convince［動］説得する、納得させる　□ sentence［動］〔人に〕判決を言い渡す
□ governess［名］〔特に住み込みの〕女性家庭教師　□ pay attention 注意を払う、気を配る［留める］　□ break into tears ワッと泣きだす　□ firmly［副］きっぱりと、毅然と
□ officer［名］将校　□ reconnaissance［名］偵察、予備調査　□ starve［動］飢えに苦しむ、餓死する　□ run over〔人・動物などを〕車でひく　□ refill［動］〜を補充する、おかわりする

Rogers was next to share his story.

"That recording said my wife and I killed Miss Brady. It's not true. We worked for Miss Brady for many years. She was very ill, and one night there was a storm. The power went out and we couldn't call the doctor. I went out in the storm ⑫to get him, but he got there too late. ⑬We'd done everything we could for Miss Brady," said Rogers shaking his head.

"I bet you came into a lot of money after she died," said Blore.

"Yes, but we had worked for her for many years," said Rogers. "There's nothing wrong with that."

"What about you?" Lombard challenged Blore.

"Me? I investigated a bank robbery, caught the man, and he went to prison. He happened to die in prison, but that's not my fault," said Blore.

"I remember the Landor case," said Judge Wargrave. "⑭Didn't you get a promotion after putting Landor away?"

"Yes," said Blore quietly.

Suddenly, Lombard laughed. "What a good group of citizens we all are! What about you, doctor? Just a little mistake? A bad operation, right?"

"I have no idea what that recording was talking about. Clees? Close? I ⑮can't remember having a patient by that name," said the doctor. But he thought to himself, "I was so drunk...I killed her! The nurse knew, but she never told anyone...Or did she?"

* * *

Everyone was now looking at Emily Brent, but she did not say anything.

"Rogers, is there anyone else on the island?" asked the judge.

"Nobody, sir."

"I am not sure why Unknown has invited us all here, but

⑫ 「そして彼（＝医者）を捕まえた」の意味の、**結果を表す副詞用法のto不定詞**。「彼を捕まえるために」という目的の意味と取れなくもないが、直後に but he got there too late （しかし、彼（＝医者）が患者のところに到着したのが遅すぎた」とあるので、結果の意味と解釈するのが妥当。

⑬ ここが We'd [We had] done ... と**過去完了形**になっていることで、「あらゆる手を尽くした」後に Miss Brady が死んだことが伝わる。

⑭ **否定疑問文は、確認や反語のニュアンス**を込めて用いられる。ここは「昇進したんじゃないのか？」の意味。

⑮ 「（そういう名前の）患者を受け持ったことは思い出せない」の意味。remember は動名詞を目的語に取ると「〜したことを思い出す」の意味になる。to不定詞を目的語に取れば「忘れずに〜する、〜することを覚えておく」の意味。

WORDS

□go out 機能しなくなる　□bet［動］きっと〜だと断言する、〜に違いない
□challenge［動］〔人に〕たてつく、異議を申し立てる　□investigate［動］〔犯罪や人などを〕捜査する、取り調べる　□robbery［名］《法律》強盗（罪）　□promotion［名］昇進、昇格　□operation［名］《外科》手術

Unknown may be a dangerous person. I suggest we leave this island right now," said the judge.

"We have no boat, sir," said Rogers. "Fred Narracott comes every morning with the mail and milk, and he takes our orders for supplies."

"Then we should all leave ⑯when he comes tomorrow."

Everyone agreed, except for Anthony Marston.

"⑰You want to leave before solving the mystery?" said Marston. "I think it's rather exciting. ⑱I say let's stay—⑲might be fun!" ⑳With that, he drank down his whiskey. Suddenly, he choked. His face turned purple. He gasped for breath, then slid from his chair, ㉑his glass falling from his hand.

⑯「明日、彼が来たら」の意味。この部分は**時を表す副詞節**。**時を表す副詞節では、未来のことであっても現在形で表す**というルールがあるので、he comes となっている。

⑰ 文頭の Do が省略された、口語的な疑問文。

⑱ この I say は「ねえ、なあ」といった呼びかけの言葉。

⑲ 文頭に**主語 it が省略**されている。It might be fun!（楽しいかもしれないぞ！）が完全な形。

⑳ **文頭で用いられる With that, ...** は、「そう言って、そうして」の意味を表す。主に小説など書物で用いられる文語的な表現。

㉑ falling が**分詞構文**だが、**主節とは異なる主語 his glass が明示**されている。

WORDS

□supply［名］《supplies の形で》生活必需品、補給品　□drink down 飲み干す、一気飲みする　□gasp［動］苦しそうにあえぐ、息が止まる

PART II

Chapter Five

（日本語訳 ☞ p. 169）

TRACK 05

Dr. Armstrong ran to Marston, ①who lay on the ground.

"My God!" Armstrong said. "He's dead!"

Everyone stood in shocked silence. It was unbelievable. Strong, healthy young men didn't just die from choking!

Dr. Armstrong sniffed the young man's glass.

"There was something in his drink. I don't know what exactly, but I think it ②must have been cyanide." He went to the row of bottles and sniffed the whiskey. "It's not in the bottle," he said.

"You mean—he put the stuff in his glass *himself*?" Lombard asked.

"Suicide? That's not possible! He was so alive!" said Vera, ③very upset.

"Is there any other possibility?" asked Dr. Armstrong.

Everyone slowly shook their heads. None of the bottles had been tampered with. They had all seen Marston pour his own drink. ④It followed that he must have put the poison in his glass himself.

"But it just doesn't seem right to me. Marston didn't seem like the type of man who would kill himself," said Blore.

"I agree," said Dr. Armstrong.

* * *

Later that night, after everyone had gone to bed, Rogers went into the dining room to clean up. As he cleared away the dishes, he noticed the little soldier figures in the middle of the table.

"That's strange," he thought. "I thought there were ten of them."

① **関係代名詞 who の非制限用法**。ここでは who lay on the ground（床に倒れていた）という関係代名詞節が、先行詞の Marston に説明を加えている。固有名詞で記述される特定の人物を関係代名詞が修飾する場合、原則的に非制限用法となる。

② 「（シアン化物［青酸カリ］）だったに違いない」の意味。「must have ＋過去分詞」の形は、過去のことについての**確信度の高い推量**を表す。

③ being very upset という**分詞構文の being が省略**されている。「とても動揺して」の意味。

④ 「つまり、当然、彼が自分でグラスに毒を入れたはずだということになる」の意味。この follow は「当然〜となる」の意味を表す。It follows that ~. の形を取ると、follow はこの意味になる。

WORDS

□unbelievable［形］信じられない（ほどの）　□sniff［動］匂いを嗅ぐ　□cyanide［名］《化学》（青酸カリなどの）シアン化物　□suicide［名］自殺（すること）　□alive［形］生き生きとして、生存して　□tamper with 〜に毒を入れる、〜に手を加える　□kill oneself 自殺する《（親しみのない）他人が自殺したことを客観的に述べる表現》　□clear away〔食後の食器などを〕片づける

* * *

General Macarthur turned in his bed. He could not sleep. He kept thinking of Arthur Richmond. He had liked Richmond—he was a fine fellow. But one could not ⑤forgive someone for stealing another man's wife. Macarthur had truly loved his wife, Leslie. She was a beautiful young woman, and he had trusted her completely. Of course, he had forgotten that he was old enough to be her father while Richmond was only one year older than she was. When he found out about their affair, he was shocked and hurt. God, it had hurt! And his cold rage had grown slowly.

Macarthur had sent Richmond to his death. ⑥The war was so bad at the time it was nearly impossible to come back alive. Richmond had died out there, and Macarthur wasn't sorry. He had noticed, however, that Armitage, another officer, had started to look at him oddly. Perhaps he suspected, or even guessed the truth.

But it was all so long ago now. Leslie had died from illness soon after Richmond. Macarthur had lived a lonely life since then, avoiding contact with most people. And now, that recording had brought up that old hidden story...

* * *

Vera ⑦lay awake in bed, ⑧thinking of Hugo, ⑨who had disappeared from her life.

"Where are you now?" she wondered.

She ⑩remembered Hugo holding her.

"I love you, Vera," he had said. "But I can't ask you to marry me. I have no money. You know, for three months before Cyril was born, I thought I was going to be a rich man. ⑪If Cyril had been a girl, I would have inherited all the family money...It's disappointing, but that's life. Besides, Cyril's a good kid."

Vera's thoughts moved to ⑫Cyril, that whining little boy. He

⑤「（他人の妻を）盗むことで人を許す（ことなどできない）」の意味。forgive A for B（A を B について許す）の構文。

⑥「**so ~ that ... 構文**」が用いられている。it was の直前に that が省略されている。「当時戦局があまりにも悪く、生きて帰ってくることはほぼ不可能だった」の意味。

⑦「目覚めたまま（ベッドに）横たわっていた」の意味。形容詞 awake（目が覚めて）が動詞 lay（=lie の過去形）の**補語**になっている。

⑧ thinking は**分詞構文**。「（ヒューゴーのことを）考えながら」の意味。

⑨ **関係代名詞 who の非制限用法**。who had disappeared from her life（彼女の人生から姿を消した）という関係代名詞節が、先行詞 Hugo に説明を加えている。

⑩ **動名詞** holding が remember の目的語になっており、holding の**意味上の主語**として Hugo が示されている。「ヒューゴーが彼女を抱いたことを思い出した」の意味。

⑪ **仮定法過去完了**の文。過去の事実に反する仮定が行われている。「もしもシリルが女の子だったら、僕が家族の全財産を相続することになっただろうが」の意味。

⑫ Cyril と that whining little boy（あの、めそめそした小さな男の子）が**同格**の関係にある。

□forgive［動］〔人の罪などを心底から〕許す、容赦する　□affair［名］〔短い間の〕不倫、浮気　□rage［名］激しい怒り、激情、憤怒　□sorry［形］後悔する、すまないと思って、心苦しく思う　□oddly［副］奇妙に（も）、変に　□suspect［動］～ではないかと疑う［うすうす感じる］、～だろうと思う　□inherit［動］〔財産を〕相続する　□disappointing［形］失望［がっかり］させる（ような）　□besides［副］それに、その上、また　□whining［形］〔人などが〕めそめそ言う

had been a small and weak child; she suspected he would not even grow to adulthood. And if he didn't? Then Hugo would take over his brother Maurice's estate ... Then they would be able to be together ...

Vera looked up at the poem in the frame.

"Ten little soldier boys went out to dine;
One choked his little self and then there were Nine."

"It's just like us this evening," she thought with a shiver.

Chapter Six （日本語訳 ☞ p.171）

TRACK 06

Dr. Armstrong ①woke up to Rogers shaking him.

"Doctor! Please wake up," Rogers said.

"What is it, Rogers?"

"My wife ... I can't ②get her to wake up!" Rogers looked crazy with fear.

Dr. Armstrong quickly dressed and followed Rogers to Mrs. Rogers's room. She was lying peacefully on her side. He went to her and checked her pulse. He turned slowly to Rogers.

"③She's gone," he said.

"No!" cried Rogers.

"What was her health like usually?" asked the doctor.

"She had a bit of rheumatism," said Rogers.

"Did she ever take things ④to make her sleep?" asked the doctor

Chapter Six

① wake up to ～の形で「～で目が覚める、～に気づいて目を覚ます」の意味。ここでは前置詞 to の目的語に**動名詞** shaking が用いられ、その**意味上の主語** Rogers が明示されている。「ロジャーズに揺すられて目を覚ました」の意味。

② get が**使役動詞**として用いられている。get は他の使役動詞 make や have と異なり、**目的語の後に to 不定詞**を続ける。「彼女を目覚めさせる（ことができない）」の意味。

③ この gone は、dead と同義で「死んで」の意味の**形容詞**。この she's は she is の縮約形。

④ **to 不定詞の形容詞用法**で、直前の things を修飾している。「彼女を眠らせる（もの＝薬など）」の意味。

WORDS

□take over〔義務や責任など〕を引き継ぐ[受ける] □estate［名］《法律》財産（権）、遺産
□dress［動]衣服を着る、支度する □peacefully［副]安らかに、穏やかに、静かに
□pulse［名]〔血管の〕脈（拍） □gone［形]〔人が〕死んだ、すでに亡くなっている
□rheumatism［名]《病理》リウマチ

sharply.

"⑤Not that I know of, sir."

Armstrong went through the drawer in the table by the bed. He did not find anything unusual.

Rogers said, "She didn't have anything last night, sir, except what *you* gave her..."

* * *

At nine o'clock, the group gathered for breakfast. As they ate eggs, bacon, tea, and coffee, Emily Brent asked, "Is the boat coming?"

"It hasn't come yet," said Vera, who had been outside with Lombard and Blore. "And it looks like a storm is coming."

Rogers left the dining room, and Miss Brent commented on ⑥how pale he looked.

"Please excuse Rogers," said Dr. Armstrong. "He has had to prepare breakfast by himself. There is some sad news. Mrs. Rogers died in her sleep last night."

Words of shock went around the table.

Vera cried out, "How awful! ⑦There've been two deaths on this island since we arrived!"

"What was the cause of death?" asked Judge Wargrave.

"It's hard to say," said the doctor. "I can't form any opinions without knowing her general state of health."

"She looked like such a nervous person. I suppose her heart gave out after the shock last night," said Vera.

"Or perhaps she ⑧died of guilt," said Miss Brent.

"What do you mean?" asked Armstrong.

"You all heard what happened last night. She and her husband were accused of killing an old woman. I think it was true and the shock of ⑨hearing it spoken out loud broke her," said Miss Brent.

⑤ Not that I know of. は「私の知る限りは違う」の意味の定型的な否定の応答で、断定を避けるときに用いられる。

⑥ How pale he looked!（彼は何と顔色が悪いのか）という**感嘆文が間接話法**で用いられたもの。これ全体が直前の前置詞onの目的語となっている。

⑦「現在完了形（の節）＋ since ＋過去形（の節）」という最も**典型的なsinceの使い方**。「私たちが到着してから2人死んでいる」の意味。

⑧ die of ~（〜で死ぬ）の形では、**ofの後に死因を表す語句**が続く。ここではguilt（罪悪感）が死因だと述べられている。

⑨ hear it spoken out loud（それが声高に語られるのを聞く）という動詞句が動名詞（句）になっている。このspokenは、**過去分詞が知覚動詞hearの目的格補語になる**例（「hear ＋ 目的語 ＋ 過去分詞」の形）の一つ。hear以外の知覚動詞feelやseeなどでも同じ形がよく用いられる。

WORDS

□sharply［副］(言い方が)はっきりと、厳しく　□drawer［名］引き出し　□unusual［形］まれな、普通でない、目立った　□excuse［動］許す、容赦する　□by oneself 自分だけで、ひとりで　□go around 〜の周りを回る、〜に広まる　□form an opinion 意見を立てる[まとめる]　□general［形］通例の、全般的な　□nervous［形］神経質な　□give out 疲れ果てる、作動しなくなる　□speak out loud 大声ではっきり言う

"It's possible," said Armstrong, "if she had a history of a weak heart…"

"It was an act of God," said Miss Brent. "He [10]strikes down sinners!"

"Did she have anything to eat or drink last night after she went to bed?" asked Blore.

"Rogers says she had nothing," said Armstrong.

"Ah, but he [11]*would say* so!" cried Blore.

"Why?"

"You all saw him last night," Blore said. "After his wife fainted he watched her so closely—it was more than just concern for her health. He was afraid she would start talking! [12]Suppose they had murdered that old lady. Suppose his wife's guilt was driving her mad. Well, he can't let her talk and reveal their secret! He probably slipped her something and made sure she would never say a word about it."

There was a pause. Before anybody could speak, the door opened and Rogers came in.

"Is there anything else I can get you?" Rogers asked.

"What time does the boat usually come in the morning?" asked the judge.

"Between eight and nine, sir. It's almost ten now. I don't know what Narracott could be up to this morning," replied Rogers.

"I'm sorry about your wife," said General Macarthur. "The doctor just told us."

Rogers bent his head.

"Thank you, sir," he said.

*   *   *

Outside, Lombard watched the sea with Blore.

"I don't think the boat's coming at all," said Blore bitterly. "It's

⑩ **動詞の現在形は一般論を述べるときに用いられる。** ここでは「（彼＝神は罪人を）打ち倒すものだ」の意味。

⑪ would say は**仮定法過去**。「（彼ならそう）言うだろう」の意味。

⑫ 「suppose + that 節」の形で「仮に〜だとしたらどうか」という意味を表す。ここでは that が省略されている。that 節の中は仮定法の場合と直説法の場合がある。この文では**仮定法過去**が用いられている。なお、次の文も同じ表現形式だが、こちらは that 節の中が**直説法**となっている。

WORDS

□strike down 打ち倒す　□sinner［名］（道徳・宗教上の）罪人　□concern for 〜に対する懸念、〜への関心　□slip［動］（人に物を）こっそり渡す　□be up to 〜しようとして、〔ひそかに〕〜しようとたくらんで　□bend［動］（物を）曲げる、傾ける　□bitterly［副］〔怒り・失望などの感情が〕激しく、苦々しく

all part of our host's plan."

"[13]We're not leaving this island," said a voice behind them.

They turned [14]to see General Macarthur.

"None of us will ever leave…It's the end, you see. The end of everything…" He turned and walked down to the sea.

Blore looked at Lombard.

"He's gone out of his mind!" he said. "Maybe we'll all go crazy [15]before this ends!"

* * *

Dr. Armstrong was just about to go outside when Rogers came to him [16]looking upset.

"Excuse me, doctor, can you come with me?" Rogers asked. "[17]In here, sir."

Rogers opened the door to the dining room.

"The little figures," he said as he pointed at the soldiers on the dining room table. "I don't understand. I swear there were ten of them before."

"Yes, ten," said Dr. Armstrong. "We counted them last night at dinner."

"You see, last night when I was cleaning up after dinner, there were nine," said Rogers. "I noticed it and thought it was strange. Now, this morning, there're only eight!"

Chapter Seven （日本語訳 ☞ p. 173）

TRACK **07**

Some time after breakfast, Vera Claythorne and Emily Brent went

⑬ be doing の形の**現在進行形には、確定的な未来を表す用法**がある。ここでは「われわれが（この島を）離れることはない」という断定的な推測が述べられている。

⑭ この to see は**結果を表す副詞用法の to 不定詞**。「（彼らは、振り返るとそこに）マッカーサー将軍の姿を見た」の意味。

⑮ 接続詞 before が導く、**時を表す副詞節**。時を表す副詞節の中では、未来の事柄でも現在形で表現される。そのため、this will end ではなく this ends となっている。

⑯ 「動揺している様子を見せながら」の意味の**分詞構文**。

⑰ here は通常、副詞だが、この場合は「ここ」の意味の名詞。前置詞 in の目的語になっている。

to the shore ①to look for the boat. They talked as they walked.

"Miss Brent, ②do you think it's true that Mr. and Mrs. Rogers killed that old woman?"

"Everything points to it," said Miss Brent. "When they were accused, the woman fainted and the man dropped the coffee. Yes, I'm sure it's true."

"But, there were other accusations," said Vera, "against all of us. ③If it's true about Mr. and Mrs. Rogers, it can't mean that it's true of... of us all?"

"Well, Mr. Lombard openly admitted that he left those twenty men. And Judge Wargrave was just doing his job, as was Mr. Blore," said Miss Brent. "I was too, in a sense."

"Oh?" said Vera with interest.

"Yes. I didn't say anything last night because ④I didn't think it a decent thing to discuss in front of gentlemen," said Miss Brent. "Beatrice Taylor worked for me. She had good manners, was clean, and was willing to work. But she had loose morals. She went out with men, you know, and one day I found out she was expecting a baby. She wasn't married! Well, I couldn't have that kind of thing in my house. I fired her immediately."

"What happened to her?"

"She killed herself."

"Oh!" cried Vera. "Did you blame yourself?"

"I? I had nothing to do with it. Her own sin drove her to suicide. ⑤If she had behaved like a decent woman, none of it would have happened." She looked at Vera with hard, cold eyes, and Vera ⑥felt herself trembling.

* * *

Dr. Armstrong walked outside. Philip Lombard stood at the edge of the cliff. Armstrong strongly wanted to talk with

① **目的を表すto不定詞の副詞用法**で、「ボートを探すために」の意味。次の文がThey talked as they walked.（歩きながら話した）で、彼らがまだ海岸に到達していないことが分かるので、to look for ... は結果ではなく目的を表していると判断できる。

② it's true ... がthinkの目的語としてのthat節で、it's trueのitはthat Mr. and Mrs. Rogers killed ...という節を指す**形式主語**。1文の中で複数の節が入れ子構造になっている。

③「ロジャーズ夫妻に関して事実だとしても、私たち全員についても事実だという意味にはなり得ないでしょう？」の意味。文頭のifは「もしも」ではなくeven if（例え〜だとしても）の意味で用いられている。

④ think A（目的語）B（補語）（AがBだと思う）の形が用いられている。ここでは補語にa decent thingという名詞（句）が当てられている。この形は、think A to be Bのto beが省略されたものと解釈することもできる。

⑤ 過去の事実に反する仮定を行った、**仮定法過去完了**の文。「もし彼女が、しかるべき女性として振る舞っていたなら、そうしたことはいっさい起きなかっただろうに」の意味。

⑥ **現在分詞trembling が知覚動詞feelの目的格補語**になっている。feel 〜 -ingの形で「〜が…しているのを感じる」の意味。

WORDS

□shore［名］海岸、陸地　□point［動］〔事実・結論などを〕強く示唆する　□accusation［名］《法律》告発、告訴　□in a sense ある意味では、一面では　□with interest 興味を持って　□decent［形］〔言動などが倫理的で〕礼儀にかなった、品行正しい　□be willing to 進んで〜する、〜に前向きである　□loose［形］〔人が性的に〕だらしない、〔締めていた物が〕緩んだ　□fire［動］〈話〉〔従業員・使用人を〕解雇する　□tremble［動］〔恐怖・怒りなどで〕身震いする　□at the edge of 〜のふち［端］に［で］

someone—he needed to sort out his thoughts.

"Lombard, can I have a word with you?" Armstrong asked.

The two men walked to the shore as they talked.

"⑦There's something funny going on here," Armstrong said. He described what Rogers had found in the dining room.

"Yes, there were ten at dinner last night," Lombard agreed. "Now there are eight?"

Armstrong recited:

> *"Ten little soldier boys went out to dine;*
> *One choked his little self and then there were Nine.*
>
> *Nine little soldier boys stayed up very late;*
> *One overslept and then there were Eight."*

"⑧Fits too well to be a coincidence!" said Lombard. "Marston choked and died, and Mrs. Rogers never woke up!"

"Therefore?" asked Armstrong.

"Therefore, there must be another kind of soldier here—the Unknown Soldier! U. N. Owen! One total lunatic at large!"

"I agree," said Armstrong. "But ⑨Rogers said there is no one else on the island, and I don't think he's lying. He's truly scared. He doesn't know what's going on."

"Let's search the island," said Lombard. "It's a bare rock. ⑩There can't be many places for a person to hide."

"Yes," said Armstrong, "and let's ask Blore to help us. We three should be able to do this job right."

⑦ 「何かおかしなことがここで起きている」の意味。「There is ＋名詞＋現在分詞」の形で「〜が…している」の意味を表す。この構文では、現在分詞の代わりに過去分詞や、状態を表す形容詞も使われる。

⑧ 「偶然にしてはうまく当てはまりすぎている」の意味。文頭に主語 it が省略されており、「あまりにも〜すぎて…であり得ない［〜できない］」の意味のいわゆる「**too 〜 to ...構文**」が使われている。

⑨ said という過去形に対して there is の is に**時制の一致が適用されていない**。これは、There is no one else on the island. という状況が現在（この発言時点）も続いているから。

⑩ 「**There is 構文**」の変形で、be 動詞の部分が助動詞 can（の否定形）＋ be の形に置き換わっている。「（人が隠れられるような）場所がたくさんあるはずはない」の意味。

□ sort out 整理する、気持ちを落ち着ける　□ have a word with〔相談・質問などのために〕（人）と少し話をする　□ recite［動］暗唱する、復唱する　□ coincidence［名］〔偶然の〕一致、合致　□ therefore［副］〔前に述べたことの〕結果、だから　□ lunatic［形］気の狂った、狂気の　□ at large 全体として　□ bare［形］覆いがない、むき出しになった

Chapter Eight （日本語訳☞ p.175）

TRACK **08**

Once Lombard and Armstrong explained about the soldiers, Blore agreed to ①help search the island.

"②I wish we had a gun," said Blore. "③It'd be good for protection now."

"I have one," said Lombard, ④patting his pocket.

The other men stared. This new information surprised and worried them. However, they ⑤had no choice but to search the island for the madman ⑥who was killing off their party.

The task was very simple. It was a small island, and they searched every rock and shadow that looked like it could be the opening of a cave. But there were no caves, and no place where a person could hide. At one point, they came across General Macarthur sitting by the sea.

"⑦Nice spot you found for yourself, sir," said Blore.

General Macarthur turned around, ⑧surprised that someone was there with him. He had a strange look in his eye.

"Go away. This is the end, but you don't understand that at all. We're never leaving," Macarthur said, almost to himself. Then he turned back to the sea.

"He's crazy," said Blore as they walked off. The thought made them all uncomfortable.

* * *

Soon they were finished, and they had found nothing. The three men stood at the edge of the cliff, ⑨looking at the sea. Dark clouds were gathering in the sky, and the wind was rising. A storm was coming.

① 「島を捜索するのを手伝う」の意味。「～するのを手伝う [助ける]」の意味では、米語では **help に原形（不定詞）が続く**。イギリス英語では help to do の形を取ることが多い。

② 「銃を持っていればよかったのだが」の意味。had が、現在に事実に反する仮定を表す**仮定法過去**である。wish は仮定法を導く動詞の代表格。

③ It'd は It would の縮約形で、これも**仮定法過去**。「（この状況では護身に）役に立つだろうに」の意味。

④ patting は**結果を表す分詞構文**。「そしてポケットをたたいた」の意味。

⑤ have no ～ but ... の形で「…しか～はない、…以外に～はない」の意味を表す。ここは「（狂人を見つけるために島を）捜索する以外に選択肢はない」という意味。

⑥ **関係代名詞 who の制限用法**。先行詞 the madman を限定的に修飾しており、「彼ら一行を皆殺しにしようとしている狂人」という意味を表している。

⑦ 場所を強調するために**倒置**が起きている。You found a nice spot for yourself.（いい場所を「自力で」見つけたな）が通常の語順。

⑧ **分詞構文** being surprised（驚いて）の **being が省略**されている。

⑨ looking は**分詞構文**。付帯状況（[海を] 見つめながら）とも結果（そして [海を] 見つめた）とも解釈できる。

WORDS

□stare［動］じっと見る、凝視する　□have no choice but to　～する以外に選択肢がない、～するしかない　□kill off　皆殺しにする、全滅させる　□cave［名］洞窟《開口部が地上にあるもの》　□come across　～に出くわす、～に遭遇する　□turn around　振り返る、後ろを向く　□walk off　立ち去る　□uncomfortable［形］〔物や状況などが〕心地よくない、〔人が〕気詰まりな

[10]There was only one place on the island left to look: the face of the cliff itself. They would have to lower a man down by rope to look for holes or caves. Lombard said he would do it, and Blore went off to find some rope.

After about twenty minutes, Blore returned with [11]enough rope to lower Lombard down the cliff. Blore and Armstrong stayed at the top and held on to the rope.

"I don't like it," said Armstrong. "I'm not a doctor of mental illnesses, but it's clear General Macarthur has gone out of his mind. We're looking for a *madman*, aren't we?" There was fear in Armstrong's voice.

"Well, I don't like that Lombard has a gun," replied Blore. "Did you bring a gun along with you, Armstrong?"

"No, certainly not!"

"[12]Neither did I," said Blore. "And neither would any other normal person. *So why would Lombard?*"

Just then, there was a sharp pull on the rope. It was Lombard, signaling to be brought up. The men started pulling, and soon, Lombard was standing with them again.

"There's nothing," Lombard said, wiping the sweat from his face. "He must be hiding in the house."

The three men measured every room and closet in the house [13]to find that there was no space left unaccounted for. There were no false walls or secret hiding places.

As they finished, the three gave each other troubled looks. There was [14]no one on the island but their eight selves.

⑩「島の上で調べるべき場所は1つしか残っていなかった」の意味。「There is＋名詞＋過去分詞」の形が用いられている。on the island を挿入句と捉えると、文の構造をつかみやすい。

⑪「ロンバードを崖下に下ろすのに十分なロープ」の意味。この enough rope とは、ロープの長さが十分だということ。

⑫ 直前の No, certainly not! を受けて、「自分も違う［銃など持ってこなかった］」と述べている。「〜も…ではない」の意味の文では、このように**否定語 neither を文頭に出した倒置**が起きる。続く And neither would ... の文でも同じ倒置が起きている。

⑬「そして、説明のつかない空間は一つも残っていないことが分かった」の意味の、**結果を表す副詞用法の to 不定詞**。

⑭ (There is) no one but ~. （〜以外には誰も［いない]）の構文。but に続く their eight selves は「彼ら8人」の意味で、この形は himself や themselves などの再帰代名詞 -self （〜自身）に数値を組み合わせる場合に使われる。

WORDS

□face［名］〔崖の〕切り立った面　□hold onto ～をしっかりつかまえておく
□certainly not とんでもない　□signal［動］合図する、信号を送る　□wipe［動］〔汚れなどを〕拭く、ぬぐう　□unaccounted for 使途不明の、説明されていない　□give someone a troubled look （人）に困惑した［心配そうな］顔つきをする［見せる］

Chapter Nine （日本語訳 ☞ p.176）

At noon, Rogers came out onto the terrace to call everybody to lunch. ①When everybody had gathered in the dining room, they realized General Macarthur had not come.

"I was taking a walk earlier and I saw him," said Vera. "He was just sitting on the beach. He probably didn't hear the call to lunch."

"I'll ②go get him," said Dr. Armstrong. "You should all start eating."

③Lunch consisted entirely of things out of cans since there was no longer a cook. The group tried to make small talk, but it ④proved difficult. As Rogers went around collecting everybody's plates, he suddenly stopped.

"There's somebody running…" he said, staring out the window. Then they all heard the rapid footsteps, and Dr. Armstrong ⑤came bursting through the door.

"General Macarthur—" he paused, ⑥as if not believing what he was about to say. "He's dead!"

Seven people looked at each other and could find no words to say.

* * *

The storm hit just as General Macarthur's body was being brought into the house. As Blore and Armstrong carried the body ⑦upstairs, a strange feeling took hold of Vera. She suddenly went into the dining room and looked at the table. She stood there, ⑧unable to move for a moment or two. Then Rogers entered the room.

Chapter Nine

① 「全員が集まると、彼らはマッカーサー将軍が来ていないことに気づいた」の意味。realizedの時点を基準に、それよりも前に完了したことがそれぞれhad gathered（集結を終えた）、had not come（来ていなかった）と**過去完了形**で表され、時間の前後関係が明確になっている。

② go do の形で「～しに行く」の意味。主に米語で用いられる口語表現で、go and do や go to do を簡略化した言い回し。

③ 「昼食は全て缶詰を使ったものだった」の意味。consist of ～ の形で「～で構成されている、～で出来ている」の意味を表す。things out of can（缶から出したもの）の out of は from と言い換えても同じ。

④ 「困難であることが分かった」の意味。「prove + 形容詞（または名詞）」で「～だと判明する」の意味を表す。この場合の形容詞は prove の補語。ほぼ同じ意味で prove の代わりに turn out もよく用いられる。

⑤ come -ing は「～しながら来る、～して来る」の意味。ここは「窓から飛び込んで来た」。

⑥ as if ～（あたかも～であるかのように）と否定の**分詞構文** not believing が組み合わされた形。as if he did not believe ...（まるで…が信じられないかのように）と言い換えられる。

⑦ この upstairs は「上階へ」の意味の副詞。

⑧ **being が省略された分詞構文**。

WORDS

□earlier［副］〔時間的に〕前に　□consist of ～から成る、～で構成される　□entirely［副］もっぱら、ひたすら　□no longer もはや～でない　□burst through ～を突き破って進む　□take hold of 牛耳る、制する

"Oh, Miss, I just came to see..." he started, then broke off.

"Yes, Rogers. You're right," she said. *"There are only seven."*

* * *

After the general was laid in his bed and Armstrong finished his examination, he joined the others in the drawing room. Miss Brent was knitting. Vera stood by a window, looking out at the storm. Blore and Wargrave sat in large chairs, and Lombard was walking nervously up and down.

"Well, doctor?" asked Wargrave.

Armstrong was shaking, but he tried to control himself.

"There's no question about it," he said. "⑨Macarthur was hit in the back of the head with a hard object."

There was shocked silence. Wargrave was the first to speak again. He took control of the situation ⑩as someone who had long been used to being an authority figure.

"So we know," he said, "that this was a murder."

Everyone looked at each other with fearful eyes.

"As I sat on the terrace this morning, I saw you three gentlemen walking around the island," said Judge Wargrave. "I assume you were searching for Mr. Owen?"

"Yes, sir," said Lombard. "We found no one. There can't be anybody hiding on this island—it's simply not possible."

"Then that brings us to ⑪the logical if unpleasant conclusion," said the judge. *"One of us must be U. N. Owen!"*

"Oh, no!" cried Vera. Judge Wargrave turned his eyes on her.

"My dear, we must look at the facts," he said. "We are all in danger. One of us is U. N. Owen, but we do not know which of us. ⑫Of the ten people who came to the island, three have been cleared of guilt: Tony Marston, Mrs. Rogers, and General Macarthur. There are seven of us left, and one of us must be Mr.

⑨ マッカーサーは後頭部を殴られた」の意味。ここでは**接触動詞** hit（〜を殴る）が「接触動詞＋人＋前置詞＋体の部位」の形の受動態で用いられている。

⑩ 「権威ある人物であることに長年慣れてきた者として」の意味。この someone は「（不特定の）人」、who は someone を先行詞とする**主格の関係代名詞**、be used to ～ は「〜に慣れている」の意味の定形表現、being は動名詞である。

⑪ ここでは the logical conclusion（論理的な結論）の途中に if (it is) unpleasant（例え不愉快であろうとも）が挿入されている。

⑫ 語順を**倒置**して、文構造を分かりやすくしている。Three of the ten people who came to the island have been cleared of guilt:（島に来た10人のうちの3人が罪を免れている）が通常の形。

WORDS

□ break off 途中でやめる、中止する　□ lay［動］〜を横たえる[寝かせる]　□ knit［動］編み物をする　□ stand by そばに立つ[いる]　□ authority figure 権威のある人　□ turn one's eyes on 〜に［の方へ］目[視線]を向ける　□ in danger 危機に直面している　□ clear［動］〔人の〕疑いを晴らす

or Miss Unknown. Do you all agree?"

"I suppose you're right," said Armstrong.

"We must look at the evidence. Does anybody have something to say [13] that might be helpful?"

"Lombard has a gun!" burst out Blore.

Smiling coldly, Lombard decided to tell the truth about how he had been invited to the island. He told them of Mr. Morris, and how he had been instructed to bring a gun.

"But what proof do you have?" Blore asked Lombard. "There's no way we can make sure your story is true!"

"We cannot prove anybody's story," cut in Judge Wargrave. "We must look at each death and see if [14] there is anybody we can say is innocent with absolute certainty. Now, with Marston, I don't think there's anything we can say. Any one of us [15] could have slipped something in his drink without being noticed. But with Mrs. Rogers—perhaps we can get somewhere with that. Last night, after we all heard the recording, Mrs. Rogers fainted. We all left the drawing room to look at the record player, except for Rogers, who went to get brandy, and Miss Brent, who stayed in the room with Mrs. Rogers. When we returned to the drawing room, Miss Brent was leaning over Mrs. Rogers."

Miss Brent, who had sat calmly all this time, turned bright red.

"I was helping the poor woman!" she cried out.

"I am just stating the facts," said Wargrave. "Then Rogers came in with the brandy, [16] which he could have poisoned before he entered the room. Mrs. Rogers drank the brandy, and shortly afterward she was led to her bedroom by Dr. Armstrong and Mr. Rogers."

"Yes! That's right! So [17] that rules out me, Mr. Lombard, Judge Wargrave, and Miss Claythorne," said Blore.

⑬ something（to say）を先行詞とする**主格の関係代名詞**節。

⑭ if節の中で「**There is構文**」が用いられている。ここで注意すべきなのは、①「There is構文」の主語に当たるanybodyを修飾する**主格の関係代名詞who**が**省略**されていることと、②anybodyの直後にwe can sayが挿入されていること。本来、主格の関係代名詞は省略されないが、「There is構文」の主語（be動詞の直後の語句）を修飾する場合に限っては省略できる。

⑮「（彼の飲み物に何かを）そっと入れようと思えばできた」の意味の、**仮定法過去完了**。

⑯ the brandyを先行詞とする**関係代名詞の非制限用法**。「そして、彼はそのブランデーに毒を盛ろうと思えばできただろう」の意味。could have poisonedは**仮定法過去完了**。

⑰ このthatは、直前までに述べられた状況を指しており、その抽象的な事柄を主語とした**無生物主語構文**になっている。「そのことが私とロンバード氏、ウォーグレイヴ判事、クレイソーンさんを除外する」の意味。

□There's no way ～　～ということなどあり得ない［とてもできない］　□make sure〔事実・行動などに間違いがないかを〕確かめる　□cut in 割り込む、話を遮る　□see if ～かどうかを確かめる　□say with absolute certainty 断言する、絶対的な確信を持って～を言う　□lean over ～に身を乗り出す　□poison［動］～に毒を盛る　□shortly afterward それから間もなく　□rule out 除外する、排除する

"Does it?" asked the judge. "We must think of *every* possibility. [18]It is very possible that any one of us could have gone up to her room later and given her something. The doctor gave her sleeping medicine. She [19]would have been sleepy and confused—any of us could have given her something without [20]too much of a fight."

"But Rogers would have been there—it's his room too!" said Blore.

"No, Rogers was downstairs, cleaning up after dinner," said the judge. "So we have established the fact that no one can really be cleared of guilt. Now, let's think about General Macarthur. That happened this morning. I was sitting on the terrace all morning, but of course there were plenty of moments [21]where I suppose I could have gone after Macarthur [22]without anybody noticing. Miss Brent, how about you?"

"I was knitting on the terrace all morning," she replied.

"I didn't see you there," said the judge.

"No, I was around the corner, out of the sun."

"So you could have killed Macarthur without anybody noticing either."

Miss Brent said nothing.

"I was with Lombard and Armstrong all morning," cut in Blore.

"But you went back to the house for a rope," said Armstrong. "And Lombard went off by himself for a few minutes too!"

"I was testing an idea I had!" said Lombard. "I thought I might be able to use a mirror to send light signals to the village. It didn't work, though..."

"So you three were all alone at some point in the morning?" the judge asked.

After a pause, one of them replied, "Yes."

The judge then turned to Vera, saying, "How about you?"

⑱ 文頭のitはthat以下の節を指す**形式主語**。itで始まる節にもthatで始まる節にも、それぞれpossible、couldという可能（性）を表す語が用いられており、「誰かが後で彼女の部屋へ行こうと思えば行けたということは十分にあり得る」というかなり冗長な意味合いの文。英語では、こうしたくどい文が使われることもまあある。なお、could have gone upは**仮定法過去完了**。

⑲「（だとすれば）眠気に襲われ混濁していただろう」の意味の**仮定法過去完了**。wouldは推量を表す。

⑳ too much of ~は「過度の～、大量の～」の意味の**形容詞句**。ここのa fightのような「不定冠詞＋名詞」を前から修飾する。

㉑ momentsを先行詞とする**関係副詞whereの節**。このmomentsは「機会、場合」を表している。このような意味の語が先行詞だと、関係副詞にはwhenよりもwhereがよく用いられる。先行詞がcase（場合）、circumstance（境遇）、situation（状況）などでも同じ。

㉒「誰にも気づかれることなく」の意味。anybodyは**動名詞noticingの意味上の主語**である。

WORDS

□establish the fact that ～という事実を立証する　□around the corner 角を曲がったところに　□go off by oneself 単独行動を取る、ひとりになる　□at some point いつか、ある時点で　□after a pause〔話の途中で〕一瞬の間を置いて

"I took a walk around the beach. I saw General Macarthur and spoke to him a little. But he seemed…strange," she said. "He was talking about how this is the end. It didn't make sense, so I came back to the house."

"Finally, [23]there's Rogers," said the judge. They called Rogers into the room and he explained that he had been busy all morning, cleaning up breakfast and preparing lunch. He also said he saw eight soldier figures on the table before lunch.

After a thoughtful pause, the judge spoke again.

"Ladies and gentlemen, after going over the facts, we have established that any one of us could be the killer. Nobody has a good alibi for any of the deaths. All we can do at this time is to try to contact the village [24]for help." After a pause, the judge added, "I believe we are in great danger. I [25]suggest that everyone be very careful—the killer is among us."

* * *

The group spent the rest of the afternoon inside, hoping that the rain would stop. Vera and Lombard walked through the house. Miss Brent went to her room to write in her journal, Rogers made himself busy in the kitchen, and Armstrong and Wargrave [26]spent time talking in the drawing room. At tea time, they all gathered again in the drawing room and shared an uncomfortable silence.

When Rogers brought in the tea, closed the curtains, and turned on the lamps, the room was filled with light and the group started to feel better. Rogers [27]went back out and the guests settled in for tea. They tried to act as if everything was all right.

"I've lost two balls of yarn," said Miss Brent, knitting. "It's very strange."

Suddenly, Rogers came into the room.

㉓ 「**There is構文**」において、文の主語に当たるbe動詞直後の語句は、原則的に不特定の事物を表す名詞だが、分かっているはずの事物・人物の存在を思い出させたり気づかせたりするために、あえて固有名詞などの特定の情報が置かれることがある。

㉔ 「助けを求めて」の意味。この**前置詞for**は「～を求めて」**の意味の追求**を表している。

㉕ suggestが導く**that節内の（述語）動詞は、常に原形（不定詞）で用いられる。**ここのbeは、そのルールに基づいている。

㉖ 「話をして時を過ごした」の意味。「spend＋目的語＋動名詞」の形で「…して～を過ごす」の意味を表す。動名詞の前に前置詞inが置かれることもある。

㉗ 「再び出ていった」の意味。動詞wentの後にbackとoutという**2つの副詞が連続**している。

WORDS

□make sense　意味をなす、道理にかなう　□go over〔詳細に〕～を調べる　□alibi［名］アリバイ、現場不在証明　□walk through　～を通って歩く　□write in one's journal　日記をつける　□be filled with　～で満たされている、～でいっぱいである　□feel better　気が楽になる、気が晴れる　□settle in〔新しい環境に慣れて〕落ち着く　□yarn［名］〔編み物・織り物に用いる〕糸

"Excuse me, but does anyone know what's happened to the bathroom curtain?" he asked. "It's gone! The red curtain that hung in the bathroom on the first floor—it's disappeared!"

"Was it there this morning?" asked the judge.

"Yes, sir."

"㉘What does it matter?" asked Blore. "You can't kill anybody with a red curtain."

"Yes, sir," said Rogers. He turned to leave, but he was trembling. The group went back to their tea, but they all eyed one another with concern.

Chapter Ten （日本語訳 ☞ p. 180）

TRACK **10**

The next day, Lombard ①woke up late, at around ten o'clock in the morning.

"②Funny I haven't been called to breakfast," he thought. He got dressed, went out, and knocked on Blore's door. When Blore answered, it was clear he had been asleep.

"It's almost 10:30," said Lombard.

"Is it? ③I didn't think I'd sleep so late," said Blore.

"Rogers ④hasn't been by to bring tea or breakfast, eh?"

"No," said Blore.

Lombard knocked on the others' doors. Armstrong was already up, and Emily Brent's room was empty. He had to wake both the judge and Vera. But no one had seen Rogers that morning.

Lombard went to Rogers's room and saw that the bed had been

㉘ What does it matter? は「それがどうしたのか？　大したことではなかろう」の意味の反語的な決まり文句。

Chapter Ten

① 「遅く目覚めた＝寝過ごした」の意味。late は副詞。

② It's funny that I haven't been called to breakfast. の it's と that が省略されており、「（まだ）朝食に呼ばれていないとは奇妙だ」の意味。

③ 「これほど遅くまで眠ることになるとは思っていなかった」の意味。I'd sleep の I'd は I would の縮約形。

④ この **by は副詞で「立ち寄って」の意味**。通例、come や go などの移動動詞とともに用いられるが、完了形の文ではこのように be 動詞とともに用いられることもある。

WORDS

□What does it matter? それがどうしたというの？　□with concern 心配して
□wake up late 寝坊する、寝過ごす　□empty ［形］〔室内・道路などが〕誰もいない

slept in. It was clear he had gotten up that morning, but where was he?

Lombard went downstairs, gathering Vera, Blore, Armstrong, and the judge as he went. As they entered the hall, Miss Brent came in from the front door.

"It's still raining and the sea is high," she said. "I ⁵doubt any boat will come for us today."

"Were you wandering around outside by yourself?" asked Blore. "Don't you know that's dangerous?"

"Mr. Blore," said Miss Brent, "I was keeping a sharp watch, I assure you."

"Have you seen Rogers?" he asked.

Miss Brent looked surprised.

"No, I haven't. Why?"

Then there was a scream from the dining room. Everyone rushed to the open door ⁶to see Vera pointing at the table.

"The soldiers!" she cried.

There were only six soldiers in the middle of the table.

＊ ＊ ＊

They found Rogers shortly afterward. He was by the garden shed. He had been cutting sticks with an ax ⁷to light the kitchen fire. A larger ax was leaning against the shed, ⁸one side of it covered with blood. Rogers lay on the ground, ⁹a deep wound in the back of his head.

As the group stared in shock, Vera suddenly started to laugh.

"Do ⁱ⁰they keep bees on the island?" she asked between fits of laughter.

Everybody else looked at each other. It was as if the girl was going crazy right before their very eyes.

"Don't look at me like that!" Vera shouted. "I'm not crazy. It's

⑤ doubtは、特に口語ではthat節を従えて「〜ではないと思う」の意味で用いられることが多い。ここは「ボートは来ないだろうと思う」の意味。

⑥「そして、ヴェラがテーブルを指差しているのを見た」の意味の、**結果を表す副詞用法のto不定詞**。

⑦ sticks（薪）を修飾する**形容詞用法のto不定詞**。「台所の火を起こすための」の意味。

⑧ one side of it being covered with bloodのbeingが省略された**分詞構文**。主節の主語a large axとは異なる主語one side of itが明示されている。

⑨ with a deep wound in the back of his headのwithが省略されているとも、a deep would being in the back of his headのbeingが省略されているとも解釈できる。

⑩（存在するかどうか分からない）島の住人や管理者を漠然と指した代名詞。通例、**theyは、組織や当局者などを漠然と指して**用いられる。

WORDS

□sleep in 〜で寝る　□doubt [動]〜ではなさそうだと思う　□wander [動]歩き回る、ぶらつく　□keep a sharp watch しっかり警戒する、十分気をつける　□I assure you. 確かです。断言できます。　□shed [名]物置小屋、納屋　□ax [名]おの　□wound [名]外傷、創傷　□fit of 〜の発作　□right before one's very eyes （人）のすぐ目の前で

that rhyme that's hanging up in our rooms! It's there for us to look at every day!"

Vera started laughing again, then said the lines from memory: "*Seven little soldier boys cutting up sticks. Six little soldier boys playing with a hive.* Well? Are there bee hives on this island?" She started laughing again.

Dr. Armstrong went to the girl, raised his hand, and ⑪hit her across the cheek. Vera gasped, shook her head, and stood silent for a moment.

"Thank you...I'm all right now," she said. She turned to Miss Brent. "Would you like to ⑫help me get breakfast ready?"

* * *

As the two women headed to the kitchen, Blore turned to Lombard.

"That young lady—she's losing her mind," Blore said.

"We're under a lot of stress here. People are being murdered all around us! Of course it's affecting her mental state," replied Lombard.

"But ⑬what if it was her mental state *before* she came to the island? We're looking for a crazy person, aren't we?"

"Yes..." said Lombard.

"Or the other woman! So neat and stiff! She never shows her feelings, does she? I know elderly women like that go crazy all the time! Especially a religious one like her. She probably thinks she's a messenger of God or something, and has come to this island to punish us all!"

"Then again, *you* might be the killer," said Lombard. "You ⑭did lie in court and put that man in jail, didn't you? You sent him to his death."

"Yes, I admit it," said Blore. "Landor was innocent. But you see,

⑪ 「彼女の横っ面をたたいた」の意味。ここでも**接触動詞** hit（〜を殴る）が「接触動詞＋人＋前置詞＋体の部位」の形で用いられている。この across は「〜を横切って」の意味の前置詞。

⑫ 動詞 help は「**help ＋目的語＋原形（不定詞）**」の形を取って「〜が…するのを手伝う［助ける］」の意味を表す。なお、イギリス英語では help 〜 to do の形を取る傾向がある。

⑬ What if 〜? は「もし〜だったらどうする？」の意味。if には節が続く。ここは「もし、それが（島に来る前からの）彼女の精神状態だったらどうする？」の意味。

⑭ この did は、「実際に［本当に］〜する」の意味の、**肯定を強調する do** の過去形。「（君は）事実、法廷で偽証し、その男を監獄へ送ったのだ」の意味。

WORDS

□ hit someone across 〜 （人）の〜を殴る、ぶつ　□ neat ［形］きちんとした、整った
□ stiff ［形］堅苦しい　□ religious ［形］信心深い、敬虔な

his gang threatened me. I had to lay the blame on Landor. Plus, they paid me..."

"None of us here are angels," said Lombard. "And I just noticed [15] something we share in common. We're all guilty of crimes, but the law can't actually prove them. How interesting..."

* * *

After breakfast, Judge Wargrave spoke to the group.

"We should talk about this morning's events," he said. "Let's all meet in the drawing room in thirty minutes."

Everybody agreed, and Vera started to clear away the plates. Emily Brent rose to help but had to [16] sit back down.

"Oh!" she said. "I'm feeling rather dizzy."

The others either went to the kitchen to help clean or wandered out. Soon, Miss Brent was the only one left in the dining room.

Suddenly, she began to feel very sleepy. [17] It occurred to her that there was a strange noise coming from the window. She turned her sleepy eyes to the window and listened harder. It was a buzzing, like a bee.

There was somebody in the room...but she couldn't turn around, couldn't call out. She was so sleepy...Then she felt the pain — [18] the bee sting on the side of her neck...

* * *

Thirty minutes later, others had gathered in the drawing room and were waiting for Miss Brent.

"Shall I [19] go get her?" asked Vera.

"If she's still not feeling well, we should go to her in the dining room," said Wargrave.

They found Miss Brent still sitting in her chair. From the back, nothing looked wrong. But then they saw her face — her blue lips and staring eyes.

⑮ 「われわれに共通する事柄」の意味。somethingとweの間に**目的格の関係代名詞**thatまたはwhichが省略されている。

⑯ backとdownという**2つの副詞が連続**している。「元の位置に座り込んだ」の意味。

⑰ It occurs to ~ that ... は「～に…という思い・考えが急に浮かぶ」の意味の構文。ここは「妙な音が窓から聞こえてくるように思えた」の意味

⑱ 直前のthe pain（痛み）と**同格**の名詞句と捉えるのが妥当。「首の横に受けたハチの一刺し」の意味。

⑲ go do の形で「～しに行く」の意味。ここは「（彼女を）呼びに行く、行って（彼女を）連れてくる」の意味を表している。

□threaten［動］脅迫する　□lay the blame on 罪を（人）に着せる　□in common 共通の、共通して　□sit back down 腰を下ろす、座り込む　□listen hard 耳を澄ます、よく聞く　□buzzing［名］ブーンという音　□call out 叫ぶ、呼びかける　□look wrong おかしい［間違っている］ように見える

"She's dead!" cried Blore.

Armstrong rushed to her.

"There's a mark here, on the side of her neck," he announced. "It's the mark of a syringe."

There was a buzzing sound from the window.

"Look!" Vera cried out, [20]pointing. "It's a bee! Remember what I said this morning!"

"Well, [21]it wasn't a bee sting that killed her. Somebody poisoned her with the syringe," said Armstrong. "It was probably cyanide, just [22]like with Tony Marston."

"Did anybody bring a syringe to this island?" the judge asked.

After an uncomfortable silence, Dr. Armstrong said, "I did."

There was an uproar, and the group demanded to see it. Dr. Armstrong led the others to his room and emptied his bag onto his bed. The syringe was not there.

* * *

"Somebody must have taken it!" cried Armstrong.

There was silence in the room. Finally, Wargrave spoke.

"There are five of us here. *One of us is a murderer.* We must do everything we can to protect the four who are innocent. Dr. Armstrong, what medicine did you bring here?"

"You can search my medicine bag," said Armstrong. "I only brought some sleeping medicine, aspirin—nothing harmful!"

"I also have some sleeping medicine," said the judge. "I say anything that could be harmful—the gun, these medicines— should be locked away. Let's search everybody here and take away anything that might be harmful."

Everybody agreed and they went into Lombard's room next. Lombard went to his table [23]where he kept his gun and opened the drawer. His eyes grew wide.

⑳ pointing は**分詞構文**。「指差しながら」「そして指差した」のどちらの意味とも解釈できる。

㉑ **It is ~ that ... の形を取る強調構文**。～の部分が強調される。ここは「ハチの一刺しが彼女を殺したわけではなかった＝彼女を殺したのはハチの一刺しではなかった」の意味。

㉒ この with は「～について、～に関して」の意味の前置詞。直前の like も前置詞で「～のように」の意味。つまり (just) like with Tony は「前置詞＋前置詞＋名詞」という形。**「前置詞＋名詞」の句が前置詞の目的語**になることがあり、ここはその例。

㉓ この where は his table を先行詞とする、場所を表す**関係副詞**。

"The gun . . . It's not here."

"Liar!" shouted Blore.

"I swear, [24]this is where I keep it! Somebody stole it!" Lombard shouted back.

"Calm down," cut in Wargrave. "We'll search for it. Right now, let's collect everything else that might be harmful."

They went into each person's room and searched from top to bottom, but they did not find the gun or anything else that could possibly cause harm.

[25]Gathering up the medicine, they went down to the kitchen, [26]where there was a large silver box with a lock and key. They put everything in the box and locked it.

"Who will keep the key?" asked Blore.

"This closet has a lock," said Wargrave. He put the locked box into the closet and locked the door. Then he gave the box key to Lombard and the closet key to Blore.

"You two are the strongest here," he said. "[27]It will be very difficult for either of you to take the key from the other, and it would be impossible for the rest of us."

"I've been thinking," said Dr. Armstrong, "and I don't know where the gun [28]could be, but I think I know where the syringe is." He led the way outside and around the house. Near the dining room window, he found the syringe and the sixth soldier figure.

"Of course," said Blore. "After killing Miss Brent, the killer threw the needle and the figure [29]out the window."

"We should look for the gun again," said Vera.

They searched the entire house [30]without result. The gun was still missing.

㉔ このwhereは**先行詞を含む関係副詞**で、the place whereのthe placeが省略されているとの解釈もある。「ここがそれを保管している場所だ」の意味。

㉕ gathering (up)は**分詞構文**。「薬をすべて集めると」の意味。

㉖ **関係副詞whereの非制限用法**。and there, there was a large silver box（そしてそこには大きな銀の箱があった）の意味。

㉗ 文頭のitはto take以下を指す**形式主語**。It is ~ for ... to doの構文では、forに導かれる名詞・名詞相当語句が**to doの意味上の主語**である。ここは「君たちのどちらかが、もう一方から鍵を奪うのは非常に難しいだろう」の意味。

㉘ このcouldは「ひょっとしたらあり得る」という**現在の不確実な可能性**を表しており、仮定法過去と見なされることもある。ここは「（拳銃がどこに）あり得るのかは（分からない）」の意味。

㉙ このoutは「～から（外へ）」の意味の前置詞。threw the needle and the figure out the windowは「注射針と人形を窓から外へ投げた」の意味。

㉚ 「かいもなく、成果がなく」の意味の**副詞句**。in vainとも言い換えられる。

WORDS

□Liar! うそつき！　□from top to bottom〔場所・空間などの〕一番上から下まで、あらゆるところに　□gather up 集める　□throw ~ out the window ～を窓から放り投げる　□without result 成果もなく　□missing［形］〔あるはずの物が〕見つからない

PART III

Chapter Eleven (日本語訳 ☞ p. 184)

TRACK **11**

Five people sat in the drawing room, ①watching each other, suspecting each other, yet needing each other for protection. They had decided that they would do everything as a group. Only one person could leave the group at a time. The other four would remain together until the fifth person returned.

②It was pouring rain again.

"Once the weather clears, we can make a bonfire, or signal to the village, or do something ③to get a boat to come to us," said Lombard.

They had eaten lunch together—more food out of cans in the kitchen closet—but it was a silent meal. Each person's mind raced with terrible thoughts.

"It's Armstrong...I saw him looking at me just now...He's probably ④not a doctor at all, but a madman escaped from some mental hospital!"

"⑤They won't get me; I know how to take care of myself! But where ⑥the devil is my gun? *Somebody knows where it is...*"

"Everyone is going crazy...They're all afraid of death. *I'm afraid of death.* But that won't ⑦stop death from coming...The girl. Yes, I'll watch the girl..."

"It's only twenty to four! Has time stopped moving? Oh, God, I'm going crazy. Something is happening to my head..."

"I must stay calm...I must stay calm. ⑧I've got everything planned out. But which one? I think...Yes, I think *him*."

When the clock struck five, they all jumped. They realized that the room had grown dark around them. Lombard got up to turn

Chapter Eleven

① watching、suspecting、(yet) needing と３つの**分詞構文**が連なっている。「互いを見張りながら、疑いながら、それでも身を守るためには互いを必要としながら（客間に座っていた）」の意味。

②「土砂降りだった」の意味。自動詞 pour（雨が激しく降る）が進行形で用いられており、**rain は副詞的**に添えられている。

③ to get は **to 不定詞の形容詞用法**で、something を修飾している。この get は**使役動詞**として機能している。使役動詞 get は get 〜 to do の形を取る。

④ not A but B（A ではなく B）の構文。「医者などではなく、狂人だ」の意味。

⑤ この they は「正体の分からない相手」を漠然と指している。複数が意識されているわけではない。

⑥ the devil は「いったい全体」の意味の口語表現で、**強調のための副詞句**。他に、同じ意味・役割で the [on] earth や the hell なども用いられる。

⑦ stop 〜 from -ing の形で「〜に…させない」の意味。ここは「死に来させない（わけにはいかない）＝死に直面せざるを得ない」の意味。

⑧ I've は I have の縮約形。**have got は have と同義**で、ここは I have everything planned out.（すべて周到に計画してある）ということ。「have ＋ 目的語 ＋ 過去分詞」の形で「〜を…にしてある」の意味。

WORDS

□at a time 一度に、同時に　□remain［動］〔ある場所に〕残る、とどまる　□pouring rain 土砂降りの雨　□bonfire［名］たき火　□devil［名］〈強意語〉一体（全体）　□stay calm 平静を保つ　□plan out 計画を練る　□strike［動］〔時計が正時などを〕音で知らせる

on the lights, but they did not come on.

"Of course!" he said. "The engine hasn't run today since Rogers never [9]saw to it. I suppose we can go out and [10]get it going."

"I saw some candles in the kitchen," said Wargrave. "[11]We better just use those."

"I'll go get them," said Lombard. He went into the kitchen and came back with a box of candles. They lit them, put them around the room, and continued to sit.

At around six o'clock, Vera felt she could not sit any longer. She took a candle and said she was going to her room to wash her face with cold water. She left the four men in the drawing room and went upstairs. When she opened the door to her room, a curious smell met her nose. It was the smell of the sea!

Can I swim out to the island, Miss Claythorne? Why can't I swim out to the island?

Awful, whining little brat!

Hugo was watching her . . .

She took a step forward, smelling the sea, [12]when a cold, wet hand touched her face. Vera [13]screamed and screamed.

* * *

Vera did not [14]hear the men rush up to her room. She did not hear them yelling her name as they came up the steps. [15]Only when she saw candles in the doorway did she come to her senses.

"Are you all right?" the men asked.

"Good God, look at that!"

[16]Hanging from the ceiling from a black hook was a long, wide ribbon of seaweed.

[17]It was only seaweed that had touched her face! She had thought it was the cold, dead hand of Cyril Hamilton! Vera broke into wild, crazy laughter.

⑨ see to ～の形で「～の面倒を見る、～に必要な措置を施す」。この文全体は「発電機が今日動いていないのは、ロジャーズが一度も作動させなかったからだ」の意味。

⑩ get ～ -ing の形で「～を…（し始め）させる」の意味。

⑪ 「あっちを使うだけにしたほうがいい」の意味。We'd [We had] better just use those. の had が省略されている。

⑫ **関係副詞 when の非制限用法**。ここは、「するとそのとき、冷たく湿った手が彼女の顔に触れた」の意味。

⑬ 「何度も繰り返し叫んだ」の意味。**同じ動詞を and で結び、連続して用いると「何度も～する」の意味を表す**。

⑭ **知覚動詞 hear** が、2通りの形で用いられている。最初の文では「知覚動詞＋目的語＋原形（不定詞）」、2つ目の文では「知覚動詞＋目的語＋現在分詞（-ing）」の形が使われており、それぞれ「男たちが彼女の部屋へ駆け上がるのが聞こえ（なかった）」「彼らが彼女の名前を叫んでいるのが聞こえ（なかった）」の意味。

⑮ 「戸口にろうそくが見えたとき、ようやく彼女は正気に戻った」の意味。**語順の倒置**が起きている。否定語が文頭で強調されると、このような倒置が起きる。She came to her senses only when she saw candles in the doorway. が通常の語順で、ここでは only（ほんの、ようやく、～しかない）が否定語の一種と見なされている。

⑯ hanging from the ceiling …（天井からぶら下がっている）を強調するために、**語順が倒置**されている。A long, wide ribbon of seaweed was hanging from the ceiling from a black hook.（長く幅の広い海藻の帯が天井の黒いフックからぶら下がっていた）が通常の語順。

⑰ **It is ～ that … の形の強調構文**。～の部分が強調される。ここは「彼女の顔に触れたのは、ただの海藻だった＝ただの海藻が彼女の顔に触れただけだった」の意味。

WORDS

□ curious [形] 気になる、奇妙な　□ brat [名]〈侮蔑的〉（うるさい・行儀の悪い）子ども、ちび　□ take a step forward 一歩前に進む、一歩踏み出す　□ doorway [名] 戸口
□ come to one's senses 正気に戻る、意識を回復する　□ Good God! なんてことだ！
□ seaweed [名] 海草、海藻

"Only seaweed! Only seaweed!" she said, over and over.

"She needs a drink," Lombard said. "I'll get a bottle of brandy."

When Lombard returned with the brandy, Vera took a drink and began to feel a little better. Suddenly, she noticed there were only three men in the room.

"Where's the judge?" she asked.

The men looked at each other.

"That's odd...I thought he came up with us."

"I thought he was right behind me," said Armstrong. "Of course he'd be slower than us. He's an old man."

As they went down the stairs, Armstrong called out, "Wargrave, where are you?"

There was no answer. There was only the sound of the storm.

When they got to the drawing room, they [18] saw him sitting in his chair. He [19] had on what looked like a gray wig and a red robe. Armstrong [20] held the others back, and he went toward the old man.

He lifted the wig off the judge's head. [21] Under it, in the middle of the forehead, was a round, red mark.

"He's been shot!" said Armstrong.

"My God! The gun!" cried Blore.

Vera went over and picked up the wig from the floor.

"Miss Brent's gray yarn..." she said.

"And the red bathroom curtain!" cried Blore. "[22] This is what they were for!"

Suddenly Philip Lombard broke into wild laughter and cried out, *"Five little soldier boys studying law; one got into Chancery and then there were Four!"*

⑱ 現在分詞sittingが**知覚動詞**see（の過去形saw）の目的格補語になっている。see ～ -ingの形で「～が…しているのを見る」の意味。

⑲ have on ～の形で「～を身に着けている」の意味。ここではwhat looked like a gray wig and a red robe（灰色のかつらと赤いローブのように見えるもの）という節がonの目的語になっている。**whatは先行詞を含む関係代名詞**で、the thing which [that] と言い換えられる。

⑳ 「他の者を後ろに押し留めた」の意味。**backは副詞**で、**heldの補語**になっている。

㉑ under it, in the middle of the forehead（その下の、額の真ん中に）が強調され、**倒置**が起きている。A round, red mark was under it, in the middle of the forehead. が通常の語順。

㉒ 「これが、あれらの目的だったのだ！」の意味。**whatは先行詞を含む関係代名詞**、forは目的を表す前置詞。

WORDS

□ over and over 何度もくり返して　□ right behind ～のすぐ後ろに　□ no answer 返事がない　□ wig ［名］〔はげを隠すまたは儀式のための〕かつら　□ hold someone back （人）の行動を制する、（人）を前に進めなくする　□ forehead ［名］額、前面

Chapter Twelve （日本語訳 ☞ p. 186）

They carried Judge Wargrave to his bed and gathered in the hall. They didn't know ①what to do.

"Only four of us now..." said Blore. "Who'll be the next?"

"How did it happen?" asked Armstrong.

"It was very clever!" burst out Lombard. "That seaweed was put in Miss Claythorne's room as a distraction! ②Everyone runs up there thinking she's been murdered, and in the confusion, someone gets to the old man!"

"Why didn't anyone hear the shot?"

"Miss Claythorne was screaming, it's storming, we were running around and yelling," said Lombard.

They all fell silent and eyed each other again with new suspicions.

"I'm going to bed," said Vera.

"Me too," said Lombard.

All four people went upstairs to their rooms, and all four people shut and locked their doors. All four people ③had trouble going to sleep.

* * *

Lombard took off his clothes, ④getting ready for bed. He felt uneasy without his gun. He went to the table and opened the drawer again. His mouth ⑤dropped open when he saw his gun there. Somebody had taken it... then returned it!

* * *

Blore ⑥was lying in bed awake when he thought he heard something outside his door. He got up and went quietly to the

Chapter Twelve

① 「何をすべきか」の意味。「**疑問詞＋to不定詞**」は名詞句を構成し、ここではknowの目的語となっている。

② このように、出来事に臨場感を持たせるために、**過去のことが現在形・現在完了形で述べられる**ことがある。thinking she's been murderedの部分は「彼女が殺されていると思って」の意味の**分詞構文**。文末のthe old manはJudge Wargraveを**言い換えた**もの。

③ have trouble -ingの形で「〜するのに苦労する」の意味。-ingは動名詞。直前に前置詞inが置かれることもある。

④ 「寝るばかりの状態で」の意味の**分詞構文**。

⑤ drop openは「（口などを）ぽかんと開ける」の意味。主語はmouthかjaw（あご）のどちらかになる。このopenは「開いた」の意味の形容詞でdropの補語。

⑥ 形容詞awake（目を覚まして）がwas lyingの補語になっている。in bedをawakeの後に置いてwas lying awake in bedと読み換えると、構造を把握しやすくなる。

WORDS

□not know what to do　何をしたらよいのかわからない　□clever［形]利口な、賢い、巧みな　□distraction［名]注意をそらすもの、気を散らすこと　□confusion［名]混乱状態　□get to　〜に取りかかる、〜に到達する　□have trouble〔〜するのに〕苦労する　□uneasy［形]不安な、心配な　□drop open　意図しないで開ける

door to listen. He listened hard for a long time, but he did not hear anything again.

"Am I just imagining things?" he thought. Then he heard it again. Footsteps came ⑦from farther down the hall, where the others' rooms were. They passed Blore's door and went down the stairs. Suddenly, Blore realized why he could hear things so well: the storm was over.

Blore grabbed a heavy lamp, opened his door, and stepped out into the hall without a sound. He went down the stairs and ⑧saw a figure going out the front door. Then he had a thought: Was this a trap ⑨to lure him out of the house? But the killer had made a mistake, because now, of the three other rooms upstairs, *one must be empty!* All Blore had to do was go and see!

He went quickly back ⑩up the hall. He knocked quietly on Armstrong's door. There was no answer. Then he went to Lombard's room and knocked.

"Who's there?"

"It's Blore. I don't think Armstrong is in his room. Wait a minute."

He went to Vera's room and knocked.

"Yes?" came Vera's voice, ⑪full of fear.

"It's all right," said Blore. "I think Armstrong is the killer. Do *not* open your door unless both Lombard and I come to your door together, do you understand?"

"Yes," came the answer.

Blore raced back to Lombard's room and explained the situation quickly.

Lombard's eyes lit up.

"So ⑫it's the doctor?" he said. Lombard went to Armstrong's door and knocked on it himself. Again, there was no answer.

⑦ from farther down the hallは「廊下のはるか向こうから」の意味。farther down the hall という副詞句が前置詞fromの目的語となっている。ここではさらに、**関係副詞where（の節）が非制限用法**で先行詞the hall を修飾している。

⑧ 現在分詞goingが**知覚動詞**see（の過去形saw）の目的格補語になっている。see ～ -ingの形で「～が…しているのを見る」の意味。このout は「～から外へ」の意味の前置詞。

⑨ **to不定詞の形容詞用法**で、直前のa trap を修飾している。「（彼を）おびき寄せるための（わな）」の意味。

⑩ この**up** は「～を上がった、～の上方の」の意味の前置詞。

⑪ 「恐怖に満ちて」の意味。**分詞構文のbeing が省略**されている。

⑫ この it は「問題の人物、重要人物、一大事」などの意味を表す名詞。ここでは「犯人」の意味で用いられている。

"Ha! The game's up! Let's [13]go catch him," he said. "And [14]look what's been returned to me!" Lombard showed Blore the gun.

"You had it all along!" cried Blore, fresh fear in his eyes.

"I swear to you my gun was gone this afternoon and returned this evening. I don't know why he would return it, but it's [15]to our advantage now," said Lombard. "I'll look for Armstrong alone if you won't come." [16]With that, he ran down the stairs and out into the night. After a moment, Blore followed.

* * *

After [17]what seemed like a long time, Vera heard steps in the house again. They went all over—downstairs, upstairs, even up into the attic. Then there were voices at her door. It was Lombard and Blore.

"Vera! Are you there?"

"Yes. What happened?"

"Let us in."

Vera went to her door and carefully opened it. The two men stood outside, [18]strange looks on their faces.

"Armstrong has disappeared!" said Lombard.

"What!" cried Vera.

"We looked everywhere," said Blore. "There's nowhere to hide on this island."

"He must have come back to the house!" Vera said.

"We looked," said Blore. "He's not here."

"It's true," said Lombard. "And there's one more thing: there are only three little soldier boys on the table."

⑬ 「(彼を) 捕まえに行く」の意味。go do の形で「〜しに行く」。

⑭ 「僕の手元に何が戻ってきたのか確かめてみろ」の意味。「look ＋疑問詞節」の形で「〜かを確かめてみる、〜かを見てみる」の意味の口語表現で、原則的に**命令形で用いられる**。

⑮ to someone's advantage は「〜に有利になるように」の意味の定型句。

⑯ **文頭で用いられる With that, ...** は、「そう言って、そうして」の意味を表す。

⑰ 「長い時間のように感じられる状況 (の後で)」の意味。この **what は先行詞を含んだ関係代名詞**。

⑱ **主節と主語の異なる分詞構文**。strange looks being on their face (顔に奇妙な表情を浮かべて) の **being が省略**されている。

WORDS

□all along 〈話〉最初[初め]からずっと　□advantage [名]好都合[有益]な点　□all over 至る所を、くまなく　□attic [名]屋根裏 (部屋)　□let someone in (人) を中に入れる[入れてやる]　□strange look (on one's face) 妙な[けげんな] 表情

Chapter Thirteen （日本語訳 ☞ p. 188）

The next morning, three people ate ①a silent breakfast.

"The weather has cleared," said Lombard. "We can go outside and make light signals with a mirror. Maybe someone will see them and send a boat."

"The weather might be better but the water's still rough," said Blore. "They probably won't be able to send a boat until tomorrow. But more importantly, what happened to Armstrong?"

"Don't you see?" cut in Vera. "*Four little soldier boys going out to sea; A red herring swallowed one and then there were Three.* The 'red herring'! He took away the soldier figure to make you *think* he was killed. Armstrong is still on the island, and he's out ②to get us!"

"You might be right," said Lombard thoughtfully.

"That's rather giving himself away, isn't it?" said Blore. "③He might have changed the rhyme so we wouldn't figure it out."

"But he's crazy!" yelled Vera. "④Tony Marston choking, Mrs. Rogers oversleeping, Rogers cutting sticks, that bee in the window—it's all crazy! It all has to fit with that childish rhyme!"

"What about the line about the zoo? '*A big bear hugged one and then there were Two.*' There's no zoo on the island," said Blore.

"*We're* the zoo!" cried Vera. "⑤We're so mad with fear we're hardly human anymore!"

* * *

They spent the morning on the cliff, ⑥taking turns holding the mirror up to the sun, making S.O.S. messages. Just after two o'clock, Blore said he had to eat something.

"Let's have some lunch," he said, "I feel weak. I need food."

① breakfast は本来、**不可算名詞**で、have [eat] breakfast（朝食を取る）の形で無冠詞で用いられる。しかし、特定の種類の朝食や具体的な朝食の機会を表す場合には、have [eat] a breakfast の形で用いられる。ここでは silent（無言の）が朝食を具体化しているので、a が付いている。

②「（私たちを）捕まえるために」の意味の、**目的を表す副詞用法の to 不定詞**。

③ この might have changed は「変えてもよかったのに、変える手もあったかもしれないのに（そうしなかった）」の意味の、**未実現の過去の可能性に言及する表現**。**仮定法過去完了**とも取れる。文後半の (so we) wouldn't figure it out は「（そうすれば、われわれは）気づかなかっただろう」の意味の**直説法の過去形**。

④ ここでは choking、oversleeping、cutting sticks がそれぞれ**動名詞**で、各語句の直前の Tony Marston、Mrs. Rogers、Rogers がそれぞれの**意味上の主語**である。直後にある that bee in the window（あの窓のそばのハチ）という名詞句と並列されていることから、全て（動名詞による）名詞句であると判断できる。

⑤「**so ~ that ... 構文**」が用いられている。we're hardly ... の直前に that が省略されている。「私たちは恐怖であまりにも気がおかしくなっていて、もはやほとんど人間とは言えない」の意味。

⑥ taking turns ... と making S.O.S. messages という2つの**分詞構文**が並んでいる。holding は動名詞。take turns (in) -ing の形で「交代で~する」の意味を表す。

WORDS

□ rough〔形〕（天候などが）荒れた　□ take away 取り除く、持ち去る、取り上げる　□ out to get ~をやっつけようと躍起になって　□ give oneself away 正体を現す、内心をさらけ出す　□ fit with ~と一致する、ぴったり合う　□ hardly〔副〕ほとんど~ない、とても~ない《notより弱い否定》　□ take turn –ing 交代で~する

"I'm not going back inside that house," said Vera. "I'm staying out here ⑦in the open, where I can see anyone coming near me."

Lombard agreed to stay with Vera, and Blore went alone to the house.

"⑧Isn't it dangerous to go in there alone?" asked Vera.

"He made his own decision," said Lombard. "Besides, Blore is ⑨twice the size of Armstrong. I'm sure he can fight him off."

They sat quietly, looking at the ocean for some time. Suddenly, ⑩they heard a distant cry.

"What was that?"

"It sounded like a cry for help," said Lombard. He felt his gun in his pocket and got up. The two went back to the house and walked all around it. On the east side, they found Blore. He was lying face-down on the ground, ⑪his head crushed by a great block of white marble. Lombard looked up.

"Whose window is that, just above?" he asked.

Trembling, ⑫and her voice a whisper, Vera said, "Mine. That was the marble clock on my shelf. It was shaped like a bear..."

"⑬That settles it," said Lombard. "Armstrong is somewhere in that house. I'm going to get him."

"You can't go in there!" cried Vera. "That's exactly what he wants!"

"What can we do?"

"We must stay out here and wait. Somebody will come to get us."

"All right, but when night comes, we mustn't fall asleep," said Lombard. "Until then, let's walk to the top of the island to keep watch."

They walked up to the very peak and stood, silently looking around. Their normal lives seemed so far away now, like a distant dream. Suddenly, Lombard pointed at the water.

⑦ この open は「屋外、戸外」の意味の名詞。このように the を付けて用いられる。where 以下は、the open を先行詞とする**非制限用法の関係副詞節**。文全体は「私はこの屋外に留まるつもりです。ここなら近づいてくる人を誰でも見つけられます」の意味。

⑧ it は to go (in there alone) という to 不定詞を指す**形式主語**。「1人であそこに入るのは危険ではありませんか？」の意味。

⑨ twice（2倍で）のような**倍数を表す副詞**は、このように「the ＋名詞」の前に置かれて「何に関する倍数なのか」が示される。

⑩ 「彼らは遠くに叫び声を聞いた」の意味。they heard a cry from a distance [in the distance] のように副詞句を用いるのではなく、a distant cry という「形容詞＋名詞」の形を取っている。英語ではこのように、**名詞中心の表現形式が優先**される傾向がある。

⑪ 「頭が、大きな白い大理石の塊で砕かれた状態で」の意味。**主節と異なる主語his head が明示され、直後のbeing が省略された**形の分詞構文。

⑫ 「そして声がささやきになりながら」の意味。これも**主節と異なる主語her voice が明示され、直後のbeing が省略された**分詞構文である。

⑬ この that は直前にヴェラが説明したことを、it は目の前の状況・現状を指している。「その説明でこの状況が解決を見る、それでこれの説明がつく」の意味。

WORDS

□make one's own decision 自分の意志で決める　□twice the size of ～の2倍の大きさ　□fight off 撃退する　□for sometime しばらくの間　□distant [形]遠い、遠く離れた　□lie face-down うつぶせに横たわる　□crush [動]押しつぶす、ぺしゃんこにする　□just above ～の真上に[すぐ上に]　□mustn't〈省略形〉～してはいけない (= must not)　□the very peak 頂点、頂上　□so far away 遠く離れて

135

"What's that?" he said. "⑭See there? By that big rock? Near the beach. ⑮Is it someone swimming?"

"Let's go look!" cried Vera.

When they got to the shore, they found that it was a person. But it wasn't anybody swimming. As they bent down to look, they saw a purple face.

Lombard cried out.

"It's *Armstrong!*"

Slowly, Lombard and Vera turned and looked into each other's eyes.

Chapter Fourteen （日本語訳 ☞ p. 190）

TRACK **14**

"I see," said Lombard.

Vera said nothing.

"This is the end, Vera."

Vera only ①looked at the body floating in the water.

"Poor Dr. Armstrong…" she said.

"Oh, now you feel sorry for him, do you?" Lombard said with a cruel laugh.

"Why not?" Vera snapped back. "We ought to bring him back to the house."

"He can stay ②where he is," said Lombard.

"We should at least move him out of the water so the waves can't take him back out to sea," she said, ③strangely calm. "Help me."

"If you like," Lombard said with a cruel smile. He bent over

136

⑭ 文頭に Do [Can] you が省略されていると考えられる。

⑮ someone、anyone、somebody、anybody、nobody など人を表す**不定代名詞**は、something などと同様に、形容詞をはじめとする**修飾語句が後置**される。ここでは現在分詞 swimming（泳いでいる）が後ろから someone を修飾している。3行下の anybody swimming も同様の例。

Chapter Fourteen

① ここは、look at が**知覚動詞**で、「知覚動詞＋目的語＋現在分詞（-ing）」の形を取っていると考えることもできるが、floating in the water という**現在分詞が導く句が the body を後置修飾**しているとも取れる。後者の解釈の下では、下線部を looked at the body that [which] was floating in the water と関係代名詞を用いて言い換えることも可能。

② このような場合の where は、関係副詞ではなく、**副詞節を導く接続詞**と見なされることが多い。この文全体は「彼は今いるところに留まってもいいだろう」の意味。

③ being strangely calm（妙に落ち着いて）の **being が省略された分詞構文**。

WORDS

□ bend down to look　かがんでのぞき込む　□ look into each other's eyes　お互いの目を見つめ合う　□ feel sorry for　〜をかわいそうに思う　□ cruel [形] 冷酷な、残酷な　□ snap back　言い返す　□ ought to　〜すべきである　□ bend over　前かがみになる

and pulled at the body. Vera leaned against him, helping him. After a while, they got the body out of the water and up onto the sand.

"④Satisfied?" asked Lombard, straightening up.

"Quite." Something about Vera's voice warned him. He spun around. His hand went to his pocket ⑤for his gun, but it was empty.

Vera pointed the gun at him.

"That's why you wanted to pull the body out of the water! ⑥To steal my gun!"

Vera nodded.

Lombard's head raced. He must do something! He wasn't beaten yet!

"Look here, dear girl," he said calmly. "Give that gun to me." Suddenly, he jumped at her. Vera pulled the trigger. Lombard crashed onto the beach, ⑦dead.

Vera stood there, ⑧not moving. She was shocked at what she had done, yes, but she was so happy! She had done it! She ⑨had survived. She was alone on the island... There was no more fear...

* * *

The sun was setting when Vera moved at last. She realized she was hungry and sleepy. Tomorrow, perhaps, someone would come from the village and find her. But tonight, she could finally sleep safely.

She walked back to the house. She stopped by the dining room and looked at the table. There were three little soldier boys.

"You're behind the times, my dear!" she said, laughing. She took two soldiers and threw them out the window. Picking up the last one, she said, "You can come with me. We've won!"

She walked slowly up the stairs. Her legs felt heavy, and she was

④ Are you satisfied?（満足したか？）の Are you が省略されている。

⑤ この **for** は「～を求めて」という追求・獲得目標を表す。

⑥「俺の拳銃を奪うために！」の意味。to steal は**目的を表す副詞用法の to 不定詞**。

⑦ being dead の **being が省略された形の分詞構文**。「そして死んだ」という結果を表している。

⑧「動かないままで」の意味。**分詞構文の否定形**。

⑨「生き延びた、生き切った」の意味。過去の時点での**完了を表す過去完了形**。

WORDS

□ lean against ～に寄りかかる　□ straighten up 体を起こす、立ち上がる　□ Quite.〔相づち・賛成の返事として〕まったくそうだ。そのとおり。　□ spin around 回転する、振り返る　□ crash onto ～に転がる、打ちつける　□ at last〔長時間かかって〕やっと、ようやく　□ stop by 途中で立ち寄る　□ behind the times 時代[時勢]に遅れて

so very tired. She didn't even notice when the gun slipped from her hand.

"What was the last line?" she thought. *"One little soldier boy left all alone…"*

Vera continued to climb the stairs slowly. She thought she felt the presence of someone else in the house.

"Hugo," she thought, "Hugo, is that you?"

Now she was at her door. She went into her room. Her sleepy eyes opened wide ⑩at what she saw.

A rope ⑪made into a noose hung from the hook in the ceiling. ⑫Under it was a chair to stand upon.

"This is what Hugo wanted…" she thought. "The last line… *He went and hanged himself and then there were None.*"

Slowly, like a robot, Vera went to the chair. She stepped onto it. The soldier figure dropped from her hand. She put the noose around her neck. She kicked the chair away.

TRACK15

A Document Found by the Captain of the *Emma Jane* Fishing Boat （日本語訳☞ p. 192）

From the time I was very young, I knew that I was strange. I was born with both an active imagination and a strong desire to hurt and kill things. However, ①alongside this desire was a strong sense of justice. I hated to harm innocent people or things. This is perhaps why I entered ②law.

As a judge, I loved to ③see criminals suffer in court. However,

⑩ 「彼女の見たものに向かって」の意味。この**at**は「〜に向かって」の意味の方向を**表す前置詞**。ここでは、大きく見開いた目の向いた先を表している。look at 〜のatと同じ機能。

⑪ 「輪にされた」の意味。**過去分詞madeが導く句が、直前のa ropeを後置修飾し**ている。madeの直前にthat [which] had beenが省略されているとも解釈できる。

⑫ 「その下には、（踏み台として）上に乗れるような椅子があった」の意味。**under it（その下に）が強調され、倒置が起きている**。A chair to stand upon was under it. が通常の語順。to stand uponはa chairを修飾する**形容詞用法のto不定詞**。

A Document Found by the Captain of the *Emma Jane* Fishing Boat

① 「この欲求とともに強い正義感があった」の意味。**alongside this desireが強調され、倒置が起きている**。この**alongside**は「〜と並んで」の意味の前置詞。A strong sense of justice was alongside this desire. が通常の語順。

② law は、「法曹界、法律の世界」の意味で用いられるときには普通、theなどの**冠詞が付かない**。

③ 原形（不定詞）suffer（苦しむ）が**知覚動詞seeの目的格補語**になっている。「see＋目的語＋原形（不定詞）」の形で「〜が…するのを見る」の意味。

WORDS

□not even notice 全く気づかない、気にも留めない □feel the presence of 〜の存在を感じる □noose［名］輪なわ、ヌース □step onto 〜に上がる、乗り込む □desire［名］願望、欲望 □alongside［前］〜と同時に、並行に［して］ □criminal［名］犯罪者 □suffer［動］〔肉体的・精神的に〕苦しむ

later in my life, I began to want more. Judging wasn't enough—I wanted to *act* upon my desires. I wanted to commit a murder myself. And it must not be an ordinary murder; it must be fantastic, incredible! I wanted to let my imagination run wild.

But how? ④The idea came to me through a normal conversation. I was speaking with a doctor friend of mine, ⑤when he mentioned how many murders must happen ⑥that the law cannot touch. His example was the death of one elderly woman, who he suspected was killed by two servants—Rogers and Mrs. Rogers—who had not given her the medicine she needed. With her death, the couple came into a lot of money. That kind of thing was impossible to prove, said my friend, but he was sure it happened all the time.

That was how the whole thing began. I suddenly saw who my victims would be: ⑦those guilty of crimes that couldn't be touched by the law. A childish poem came to my head—the one about ⑧the ten soldier boys disappearing one by one. I began, secretly, to collect my victims.

To do this, I had a line of conversation that I used with nearly everyone I met. The results were surprising. From a nurse who treated me for an illness, I discovered the case of Dr. Armstrong, ⑨who had killed a woman by operating on her while he was drunk. A conversation between two military gentlemen at my club gave me the story of General Macarthur. I heard about Philip Lombard from a man who had recently returned from the Amazon. A middle-aged married woman I met somewhere told me about Emily Brent and her servant girl. I chose Anthony Marston from a large group of people who had committed similar crimes. The story of Mr. Blore came to me from friends at work—lawyers talking rather freely about the Landor case.

Finally, ⑩there was the case of Vera Claythorne. It came when

④ 「私に考えが浮かんだ」の意味。I came up with the idea ... のような形ではなく The idea came to me ... と、**無生物主語の構文**が用いられている点に注意。

⑤ **関係副詞 when の非制限用法**。「そしてそのとき、彼が言及した」の意味。

⑥ この that は**関係代名詞**で、先行詞は少し離れた (how) many murders である。how many murders must happen that the law cannot touch は「法が手を出せないような実に多くの殺人事件が起きているに違いない」の意味。

⑦ **those** は「〜の人々」の意味の代名詞で、この直後に who were が省略されていると考えると分かりやすい。those (who were) guilty of crimes で「犯罪で有罪の人々」の意味。

⑧ disappearing (one by one) が**動名詞**で、the ten soldier boys はその**意味上の主語**。前置詞 about の目的語になっている。

⑨ **関係代名詞 who の非制限用法**。who の導く節が、先行詞の Dr. Armstrong に「酔って手術を施し、ある女性を殺してしまった」という説明を付け加えている。

⑩ 文の主語に当たる be 動詞直後に、分かっているはずの事柄の存在を思い出させる目的で、あえて**定冠詞 the を伴う句を置いた「There is 構文」**。

WORDS

□act upon 〜に従って[基づいて]行動する　□commit a murder 殺人を犯す、人殺しをする　□let one's imagination run wild 想像力に身を委ねる　□servant [名]〔家事を行う〕召使い、使用人　□come into〔財産などを〕相続する、受け継ぐ　□victim [名]被害者、犠牲者、餌食　□one by one 一人ずつ、一つずつ　□treat someone for an illness（人）の病気を治療する　□at work 仕事をして、職場で[に]　□freely [副]率直に、遠慮なく

I was crossing the Atlantic. ⑪Late one night, the only people in the ship's smoking room were me and a young gentleman named Hugo Hamilton.

He was unhappy, and to forget his unhappiness, he had been drinking. I tried my usual line of conversation and to my great surprise, I got an incredible story.

"You're right," he said. "Murder isn't ⑫what most people think. I've actually known a *murderer*. And what's more, I was in love with her! She did it, ⑬I believe, for me! ⑭Not that I ever dreamed she would ever do such a thing... She took a boy out to sea to drown!"

"Are you sure she did it?" I asked.

"Yes. I knew the moment I looked at her. What she didn't realize was that I loved that boy..."

I ⑮found my tenth victim in the form of a Mr. Morris, a bad character indeed. He dealt mainly in drugs. Once, he successfully ⑯got a young woman addicted to drugs, and she ended up killing herself.

I am old, and I know I do not have much longer to live, so I put my plan into action. I bought Soldier Island through Morris, who was very good at keeping my identity hidden. I then studied the information I had gathered on my "soldier boys" and created a suitable bait for each. Everybody took the bait. They all arrived on Soldier Island on August 8, ⑰as I did.

I had already taken care of Morris. He suffered from stomach problems, and the night before I left London I gave him a drug that I said did wonders for my own stomach. He took the drug, and he died.

I carefully planned the order of death on the island. ⑱The least guilty would die first so that they would not suffer from the fear

⑪ 「ある夜遅く（に）」の意味。この **one** は「1 つの」ではなく「ある〜」の意味の形容詞で、ここの night のような時を表す語句の前で用いられる。時を表す語句との結び付きが強いため、別の形容詞（ここでは late）は間に割って入らず、このように「one ＋時を表す語句」という塊の前に置かれる。

⑫ 「たいていの人が考えるもの」の意味。**what は先行詞を含む関係代名詞。**

⑬ 本来文頭に置かれるべき **I believe が that 節の途中に挿入**されて、補足的なニュアンスで用いられている。I believe (that) she did it for me! が通常の形。

⑭ 「彼女がそんなことをするとは夢にも思わなかった」の意味。**否定語 not が文頭に出て、全体の語順に倒置が起きている。**I did not ever dream that she would ever do such a thing. が通常の語順。not that 〜（〜というわけではないが）という構文があるが、ここはそれではない。

⑮ 「私の 10 番目の犠牲者がモリス氏という人物になることが分かった」の意味。ここでは **in the form of a Mr. Morris が動詞 find の補語**になっている。in the form of 〜は「〜の形を取って」の意味。a Mr. Morris と固有名詞に a が付いて、「数いるモリス氏という名の人物のうちの 1 人」の意味が表されている。

⑯ 「若い女性を中毒に陥らせた」の意味。「get ＋目的語＋過去分詞」の形を取って「〜を…されるようにする、〜が…される」の意味を表す。

⑰ 「私がしたように」の意味。この did は文前半にある arrived を受けたもの。

⑱ 「最も罪の軽い者」の意味。「**the ＋形容詞」の形で、その形容詞が表す性質・様態・属性を持つ人（たち）を表す。**なお、ここでは形容詞 guilty が副詞 least（最も〜ない）に修飾されている。1 行下の the guiltier（より罪の軽い者）も同様の例で、この場合は形容詞が比較級になっている。

WORDS

□ Atlantic ［名］《the 〜》大西洋　□ to one's great surprise （人）が大変驚いたことに　□ what's more　その上　□ deal in 〔人・店などが〕〜の取引をする　□ addicted to 〔薬や娯楽の〕中毒になっている、夢中になっている　□ put one's plan into action　計画を実行に移す　□ identity ［名］（人やものの）正体、身元　□ bait ［名］餌、誘惑する［心を引く］もの　□ take care of 〜を殺す［始末する］　□ do wonders for 〜に驚くべき効果を発揮する　□ so that 〜できるように

and mental stress that the guiltier had to live through. Anthony Marston and Mrs. Rogers died first. Marston was born without any idea of morals, of right or wrong. There was no evil in what he did, it was pure ignorance. Mrs. Rogers, [19]I have no doubt, had been influenced to kill by her husband.

It was easy to put cyanide into Marston's glass. As for Mrs. Rogers, I slipped a deadly amount of sleeping medicine into her brandy when Rogers set her glass down on a table. General Macarthur met his end very quietly. He did not [20]hear me come up behind him. I had to choose my time for leaving the terrace carefully, but everything was successful.

As I expected, the three deaths caused a search of the island, and we discovered that [21]there was nobody else on the island but ourselves. This created suspicion. I had planned to seek an ally, and I chose Dr. Armstrong, since he already knew me from before. He suspected Lombard and I said I agreed. I told him I had a plan [22]with which we might be able to make the murderer reveal himself.

I killed Rogers [23]on the morning of the 10th. He was cutting sticks and did not notice me behind him. In the confusion that rose after finding Rogers's body, I went into Lombard's room and stole his gun. I knew he would have one, because I had told Morris to make sure Lombard brought one.

At breakfast I slipped my last bit of sleeping medicine into Miss Brent's coffee when I was filling her cup. We left her in the dining room, and I slipped in there a few minutes later. [24]She was so sleepy it was easy to inject her with the rest of the cyanide. Putting the bee in the window was rather childish, but [25]it pleased me to stay as close to the rhyme as possible.

After this, I suggested that we [26]search the house. I had hidden

⑲ **I have no doubt が that 節の途中に挿入**されて、補足的に用いられている。I have no doubt (that) Mrs. Rogers had been influenced to kill by her husband.（間違いなく、ロジャーズ夫人は夫の影響で殺人を犯した）が通常の形。

⑳ 原形（不定詞）の動詞句 **come up**（〜に近づく）**が知覚動詞 hear の目的格補語に**なっている。「hear ＋目的語＋原形（不定詞）」の形で「〜が…するのが聞こえる」の意味。

㉑「島にはわれわれ以外に誰もいなかった」の意味。nobody else but 〜の形で「〜以外に誰も（…ない）」の意味を表す。

㉒ with which という「**前置詞＋関係代名詞**」の形が用いられている。この with は we might be able to make the murderer reveal himself with (a plan) という形で先行詞の a plan に続くことが想定されるもの。

㉓「10日の朝に」の意味。単に「朝に」なら in the morning と in が用いられるが、ここでは the 10th という特定の「日」の朝ということで、日付や曜日を導く前置詞 on を用いるのが正しい。

㉔「**so 〜 that ... 構文**」が用いられている。it was の直前に that が省略されている。「彼女はあまりにも眠気に襲われていたので、（残りの青酸化合物を）注射するのは簡単だった」の意味。

㉕「できるだけ詩に近づけておくのは私にとって喜ばしいことだった」の意味。**it は to stay 以下を指す形式主語**。stay close to the rhyme（詩に近づけておく）の close の部分が as close to the rhyme as possible（できるだけ詩に近い）という形に置き換わっており、文構造を把握しにくいので注意。

㉖ 動詞 **suggest が導く that 節内の（述語）動詞は、必ず原形**で用いられる。したがって、ここでも suggested という過去形の影響を受けずに原形 search が使われている。

WORDS

□ignorance［名］無知、知らないこと　□have no doubt 〜ということを確信している［少しも疑わない］　□meet one's end 最期を遂げる、死ぬ　□come up behind 〜の背後から近づいてくる　□ally［名］協力者、支持者　□last bit of わずかに残った〜　□inject 〜 with 〜に…を注射する　□please［動］〔人を〕満足させる　□tin［名］〈英〉〔缶詰の〕缶

the gun in a safe place—in a tin of biscuits at the bottom of a pile of canned food in the kitchen. [27]It was then that I told Armstrong we had to carry out my plan. The plan was this: I must appear to be the next victim. Once I was dead, I would be free to move about the house and spy on the unknown murderer.

Armstrong liked the idea. We carried it out that evening, and it worked. Miss Claythorne started screaming when she found [28]the seaweed I had placed in her room. All the men ran upstairs, and I stayed in the drawing room to put on my judge's costume and [29]place a little red mud on my forehead. The doctor acted out his part, and they carried me into my room, believing I was dead. Nobody worried about me after that. They were all too afraid of each other.

I had arranged to meet Armstrong outside the house that night at a quarter to two. I took him up by the edge of the cliff, saying that we could watch the house from up there. He never suspected me.

Then I looked over the cliff and cried out, "Is that a cave? Look, there!" Armstrong leaned over and I pushed him over the edge into the sea. He [30]ought to have known better—the next line of the rhyme is "A red herring swallowed one..." He certainly took the red herring.

I returned to the house. It must have been my steps that Blore heard. After a few minutes, I stepped out again, making enough noise to make sure someone *would* hear me and follow. I went around the house and climbed back in through the dining room window, [31]which I had left open. I went back to my room and assumed my pose on my bed as a dead man. As I expected, they searched the house again.

The next day was the day that excited me the most. [32]Three people were so afraid of each other that anything might happen,

㉗ **It is ~ that ...の形の強調構文**。~の部分が強調される。ここは「アームストロングに（計画を実行しなければ）と言ったのはそのときだった」の意味。

㉘ seaweedの直後に**目的格の関係代名詞that [which] が省略**されている。

㉙ to placeの**toが省略**されている。同じ文の前半にあるto put (on) と並列された**副詞用法のto不定詞**。

㉚ ought to have known betterまたはshould have known betterは「もっと分別を持っているべきだった、もっと物事を分かっているべきだった」の意味。「have＋過去分詞」の完了形が助動詞に続く場合、助動詞は過去形になるのが普通。しかし ought to には過去形がないので、このような形で使われる。

㉛ **関係代名詞の非制限用法**で、先行詞の the dining room window に「私が開け放しておいたものだ」という説明が付け加えられている。leave ~ open は「～を開けっ放しにする」の意味。

㉜ 「**so ~ that ...構文**」が用いられている。「3人はあまりにも互いを恐れていたので、どんなことが起きてもおかしくなかった」の意味。

WORDS

□pile of《a ～》〈話〉山のような、山積みの　□appear to be　～であるように見える［思われる］　□spy on　～を探る、偵察する　□mud［名］泥、ぬかるみ　□act out〔劇の場面・役を〕演じる　□at a quarter to　～時15分前に　□know better　もっと分別がある　□left open〔ドア・窓などが〕開いたままになっている　□dead man［名］《a ～》死者、死人

and one of them had a gun! I watched them from the windows of the house. When Blore came up alone, I [33]had the big bear ready. I dropped it on him, and that was the end of him.

From my window I [34]saw Vera Claythorne shoot Lombard. As soon as she did that, I set up her room with the noose. [35]What followed was an interesting psychological experiment. [36]Would a week spent in constant fear, combined with the guilt of shooting a man, combined with the guilt of killing Cyril push her over the edge and cause her to kill herself? I thought it would, and I was right. Vera Claythorne hanged herself as I watched, [37]hidden in the shadows of her closet.

And now? I will finish writing this, and I will put this letter in a bottle and throw it in the sea. Why? Because I want someone to know that I did all this. I have [38]that very human desire for people to know just how clever I was.

After I throw this bottle into the sea, I will get the gun, which Vera dropped on the stairs on the way to her room. I will loosely tie the black, elastic string that hangs from my glasses to the gun. I will loop this string around the door handle, then I will lie on top of my glasses. [39]Holding the gun with a cloth [40]so as to keep only Vera's fingerprints on the gun, I will shoot myself in the head. When this happens, my hand will fall away and let go of the gun. The elastic string will pull back, [41]pulling the gun too. The gun will hit the door and drop. It will lie there, as if someone else had shot me.

When the sea goes down, the boats will come, and our deaths will be discovered. My Soldier Island mystery will be complete.

Signed:

Lawrence Wargrave

㉝ 「大きなクマを用意しておいた」の意味。「have＋目的語＋形容詞」の形で「〜を…の状態にしておく」の意味を表す。

㉞ 「ヴェラ・クレイソーンがロンバードを撃つのを見た」の意味。「**知覚動詞see＋目的語＋原形（不定詞）**」の形。

㉟ 「続いて起こったこと」の意味。**whatは先行詞を含む関係代名詞**で、それが導く関係代名詞節全体が文の主語になっている。

㊱ 長く複雑な文だが、中心となる骨格はWould a week in constant fear push her over the edge and cause her to kill herself?（絶え間ない恐怖にさらされた1週間は、彼女を発狂させ、自殺に追い込むだろうか？）という疑問文。ここにcombined with the guilt of shooting a man（男を撃ったという罪悪感が交ざって）とcombined with the guilt of killing Cyril（シリルを殺したという罪悪感が交ざって）という2つの分詞構文が挿入されている。**どちらの分詞構文にも、冒頭にbeingが省略**されている。

㊲ これも**beingが省略された分詞構文**。主語は直前のI watchedのIに一致する。つまりI was hidden in the shadows of her closet.（私は彼女の部屋のクローゼットの影に隠れていた）の意味。

㊳ 「自分がどれほど賢いかを人々に知ってほしいという、あの実に人間らしい欲望」の意味。to know ...が**形容詞用法のto不定詞**で、(that very human) desireを修飾している。また、to know ...の意味上の主語がfor peopleの形で表されている。

㊴ 「（布で覆って）拳銃を持ちながら」の意味の**分詞構文**。

㊵ so as to doの形で「〜するために」の意味。この形が使われると、**副詞用法のto不定詞**が目的を表すことが明確になる。in order to doでも同じ意味。

㊶ 「そして（拳銃をも）引っ張るだろう」の意味の結果を表す**分詞構文**。

WORDS

□set up 〜を配置する、準備する　□constant〔形〕絶えず続く、くり返される
□combined with 〜と組み合わさって、〜と相まって　□elastic string ゴムひも
□loop〔動〕〜を輪（状）にする、結ぶ　□fingerprint〔名〕指紋　□fall away〔物が〕ずり落ちる　□go down〔風などが〕収まる　□complete〔動〕〜を完成する、仕上げる

And Then
There Were None

日本語訳

第1章 （英文 ☞ p.32）

　ローレンス・ウォーグレイヴ判事は1等列車の席にすわり、葉巻をくゆらせながら時計に目をやった——列車がデヴォンに着くのは2時間後だ。
　ウォーグレイヴは深く腰かけて、兵隊島についてのあらゆる報道についてじっくり考えてみた。まず、金持ちのアメリカ人がこの小さな島を買って大邸宅を建てた。ところが、妻がこの島を気に入らなかったので、夫妻はそこを去り、島と家を売りに出したという。
　その後、新聞によれば、オーエンという男がこの地所を買い取ったそうだ。それから、あらゆるゴシップ記者がさまざまな記事を載せはじめた。ハリウッドのある女優が兵隊島を買ったとか、イギリス王室の別荘になるらしいとか、海軍が秘密の実験を行うのに使おうとしているとか。どの話が本当なのか誰にもわからない。とはいえ、兵隊島はたしかに噂の的なのだ！
　ウォーグレイヴはポケットから手紙を取りだして読みなおした。字はとても読みにくいが、はっきり見える言葉もいくつかある。

　　　ローレンスさま……以前お便りをいただいてからもう何年にも……どう
　　　ぞ兵隊島へいらして……とてもすてきなところで……お話ししたいこと
　　　がたくさん……懐かしい日々……日光浴……パディントン駅12時40分
　　　発の列車で……オークブリッジでお待ちして……。

　手紙に書かれた署名は「コンスタンス・カルミントン」。
　ウォーグレイヴがレディー・カルミントンに最後に会ったのは7年前だ。そのとき、彼女はイタリアへ「日光浴」をしにいくところだった。
　コンスタンス・カルミントンか、とウォーグレイヴは思った。まさしく島を買いとって謎に包まれていそうな女じゃないか！　そう確信しながら、彼は心地よく座席に沈みこみ、眠りに落ちていった。

＊　＊　＊

　ヴェラ・クレイソーンは座席の背に頭をもたせかけて、目を閉じた。今日は列車で旅をするには暑すぎるわ！　海に着いたら、どんなに気持ちいいかしら。この夏の仕事がもらえて運がよかった。誘いは驚きだった。このような手紙を受け取ったのだ。

　　　女性職業紹介所から、あなたのお名前を伺いました。ご希望のお給料を
　　　喜んでお支払いいたします。8月8日から仕事を始めてください。パディ
　　　ントン駅12時40分発の列車にお乗りくだされば、オークブリッジ駅に

迎えを出します。

草々

ユーナ・ナンシー・オーエン

　手紙の上部に書かれた住所には、デヴォン州、兵隊島とあった。兵隊島なら、新聞でいろんな話を読んで知っている。ヴェラは、この夏の仕事が手に入ったことを喜んだ。

　でも、急に心が冷えるのを感じた。「この仕事がもらえて本当に助かったわ。検視審問に呼ばれたと聞いただけで、雇ってもらえないもの。検視官はわたしを無罪だと判定したのに！」

　検視審問はとてもうまくいったと思う。ミセス・ハミルトンだって、とてもやさしくしてくれた。ただヒューゴーだけが――だめ、考えるのはよそう。ヒューゴーのことは、もうぜったい考えないようにしなくては。

　そのとたん、この暑さにもかかわらずヴェラは身震いした。海に向かうのをやめればよかった。頭の中に、ある光景がくっきりと浮かんでくる。岩に向かって泳ぐシリルの頭が、水に沈んでいく。自分はそれを追って泳いでいるが、間に合わないのはわかっている……。

＊　＊　＊

　フィリップ・ロンバードは、引き受けた仕事のことを考えていた。アイザック・モリスの話は、まったく不可解なものだった。

　モリスはかなり怪しい人物で、ロンバードに100ギニーで奇妙な仕事を頼んできたのだ。ロンバードにはその金がどうしても必要だったし、モリスもそれがわかっていた。

　「依頼人からこの金を渡すよう頼まれましてね」とモリスは言った。「そのかわり、デヴォンへ行ってもらいますよ。オークブリッジ駅に迎えがきて、兵隊島へお連れします。そこからは依頼人が面倒をみてくれるでしょう。ああ、それと、ピストルを持っていってくださいよ」

　「わかってるだろうが、不正なことならできないぜ？」とロンバードは言った。

　モリスはただうなずいた。

　「まあ、いいさ」とロンバードは思った。「たしかに怪しげな仕事をいくつかやったことがあるし、いつだって、うまくやりおおせてきたからな！」

　そうしていま、彼は列車の席にすわって兵隊島へ向かっているのだ。この妙な仕事、おもしろいかもしれないぞ、と思いながら。

＊　＊　＊

　禁煙車では、ミス・エミリー・ブレントがいつものように、とても姿勢よくすわっていた。65歳の彼女には、最近の若い人たちがだらしなく思えてしかたがない。姿

勢にしても、行動にしても、どんなことにしてもだ。

　ミス・ブレントは夏の休暇を過ごすために兵隊島へ向かっていた。もう何度も読んだ手紙を、頭の中でもう一度読みかえしてみる。

　　ブレントさま

　　わたしのことを覚えていらっしゃいますでしょうか。何年かまえに、ベルヘイヴン旅館でお会いしました。じつは、デヴォン州の沖にある島で、旅館をはじめるつもりなのです。あなたにお客さまとしてお泊まりいただけたらと思い、お手紙を差しあげました。もちろん料金は結構です。とても静かなところなのですよ。8月の初めはご都合よろしいでしょうか？　8日などはいかがでしょう。

　　　　　　　　　　　　　　　　　　　　　　　かしこ
　　　　　　　　　　　　　　　　　　　　　　U・N・O

　そのサインはとても読みにくかった。ミス・ブレントは、「まったく、きたない字でサインを書く人が多いんだから」と思った。

　彼女はベルヘイヴンで会った人たちを思い出そうとした。あそこには、2年続けて夏に行ったはずだ。感じのいい中年の女性がいて、それから、ミセス・なんとかという人も──なんて名前だったかしら？　オルトン──オーメン──いいえ、ちがう、オリヴァーよ！　そう、ミセス・オリヴァー。

　じゃあ、ミセス・オリヴァーが兵隊島を買ったのね！　あの島の話はずいぶんニュースになっていた──映画スターが買ったとかなんとか……。

　「とにかく」ミス・ブレントは思った。「少なくとも、ただで休暇を過ごせるわ」

　　　　　　　　　　　　　　　　＊　＊　＊

　マッカーサー将軍は列車の窓の外を見ながら、このオーエンという男は何者だろうと考えていた。どうやらスプーフ・レガードの友人らしい。手紙には、「閣下のご旧友も、ひとりかふたりお見えになります──昔話をなさるのもよろしいかと存じます」と書かれていた。

　なるほど、昔話をすれば楽しいだろう、とマッカーサーは思った。最近、まわりの者が自分を避けているような気がする。なにもかも、あの噂のせいだ。30年も前のことだというのに！　まあ、いまそんなことを心配してもしかたがない。

　兵隊島を見てみるのも、おもしろいだろう。この島については、じつにたくさんの噂がある。だが、列車がまだエクスターにいるとは！　まだ1時間も待たなくてはならん。マッカーサー将軍は待つのが嫌いだった……。

＊　＊　＊

　アームストロング医師はソールズベリー平野を車で走っていた。とても疲れている。医師として成功したため、こんなに忙しくなったのだ。休む暇もほとんどない。だから、この8月の朝、ロンドンを離れて兵隊島で数日間過ごせることがうれしかった。もちろん、本当の休暇ではなく、働くことになっている。受け取った手紙には、診察してほしいと書かれていた。しかも、とんでもない額の報酬が同封されていたのだ！　オーエンという人物が妻の健康を心配して、医師の意見を訊きたいのだという。

　このオーエン夫妻というのは、金がありあまっているにちがいない、とアームストロング医師は思った。自分がこれほどの評判の医師になれたのは、もちろん運がよかったからだ。とくに、15年前のあのひどい事件のあとでは。あのときは何もかも失うところだった！　でも、それから気を引き締めて、酒もやめたのだ。おかげでいまは、こうして立ち直っている。

　突然、けたたましいクラクションの音がしたので、アームストロング医師はあわてて道路に意識を集中した。ばかでかいスポーツカーが追い越していった。アームストロング医師は、もう少しで道路わきへ突っこむところだった。

　「気をつけろ！」彼は、猛スピードで走り去る若者の背に向けて怒鳴った。

＊　＊　＊

　トニー＊・マーストンは田舎の道を突っ走りながら、心の中で不平を言った。「この道は車が多すぎるな！　じゃまなやつばっかりだ」

　あとほんの100マイルかそこらだ。ちょっと止まって、冷たいジンでも飲もうか。暑い日には、それがぴったりだ！　彼は車を走らせながら、ホテルを探しはじめた。

　友だちのバジャーがオーエンという夫婦を見つけて、彼に島へ行くようにと知らせてきたのだ。オーエン夫妻が金持ちで、みんなにたっぷり酒をふるまってくれるといいんだが、とトニーは思った。ただ、バジャーには本物の金持ちかどうか見分けがつかない——自分とちがって、もともと金に縁がないやつだから。しかし、ハリウッドスターが島を買ったという話がうそだったのは、残念だったな。映画スターとつき合えれば楽しかっただろうに。トニー自身、映画スターのような外見をしていた。身長6フィートのがっしりした体に、ブロンドの髪、日焼けした顔、深みのある青い目。

　でも、いまはまず、一杯飲むところを見つけなくちゃな。トニーはアクセルを踏みこむと、さらに道を突っ走った。

＊　＊　＊

＊トニー：アンソニーの愛称

列車の席にすわって、ブロアは手帳に何かを連ねて書いていた。

「これで全員だな」とひとり言をつぶやく。「エミリー・ブレント、ヴェラ・クレイソーン、アームストロング医師、アンソニー・マーストン、ウォーグレイヴ判事、フィリップ・ロンバード、マッカーサー将軍。執事とその妻のロジャーズ夫妻。それからもちろん、自分もだ」

ブロアは窓に映る自分の姿を見た。大柄で、まだ働きざかりの男。灰色の目にはほとんど表情がない。

「軍人ということにしようか」と思ってから、考えなおした。「いや、マッカーサー将軍がいるんだった。うそだとすぐにばれてしまうな」

ブロアはさらに考えた。「よし、それじゃ、南アフリカだ！　あそこなら文句なしだ。南アフリカに関係のある者はひとりもいないし、南アフリカについての本を読んだばかりだから、うまく話を合わせられるぞ」

好都合なことに、イギリス植民地へ移住した人間には、さまざまなタイプがいる。なんらかの話を、たやすくでっちあげられるだろう。

そう決まると、ブロアは兵隊島のことを考えはじめた。子どもの頃に一度見たことがある。海岸から1マイルほど離れた海に浮かぶ、岩だらけの島だ。あんなところに家を建てたがる人がいるとは、おかしな話だ。まあ、金持ちは妙なことばかり考えてるからな、と彼は思った。

第2章 （英文 ☞ p.44）

小集団がオークブリッジ駅に集まると、運転手が近づいてきた。

「みなさん、兵隊島へいらっしゃるのですか？」と彼は訊いた。

集まった人々は、たがいに目をやりながらうなずいた。

「車は2台あります」と運転手。「わたしたちがみなさんをボートまでお送りします。それからボートが島までお連れすることになります」

人々はおたがいに自己紹介してから、車に乗りこんだ。田舎の道を走っていくあいだ、それぞれが頭の中で考えをめぐらせていた。

＊　＊　＊

車が人々を桟橋まで連れていくと、ひとりの男が待っていた。

「そろそろ島へ出発してもいいですか、みなさん？」男は訊いた。「あと2人、男の方が来られるんですが、オーエンさんが待たなくていいとおっしゃったんでね。いつ来るかわからないそうですよ」。男は客たちをモーターボートへ案内した。

「いい天気だな。ボートに乗るのにぴったりだ」船に乗りながら、フィリップ・ロンバードが愛想よく言った。「海だって、このうえなく穏やかだしね」

そのとき、クラクションの音が聞こえたので、人々は村から続く道のほうを振りかえった。若者の運転する美しい車が、こちらへ突っ走ってくる。夕陽を浴びながら、髪を風になびかせているアンソニー・マーストンの姿は、ただの人間というより神のようだ。しかし、彼がけっして不死身ではないことを、みんなはまもなく知るのだった。

＊　＊　＊

　ボートが島に近づくと、邸宅が見えてきた。美しいモダンな建物で、島の南側を見わたす崖の上に建っている。操船者のフレッド・ナラコットは、客たちを小さな浜まで連れていった。崖に刻まれた急な階段が、上にある邸宅まで続いている。フレッドがボートを岸につなぐと、ロンバードが言った。「天気が悪いと、きっと船をつけるのはむずかしいだろうな」
　「嵐が来たら、兵隊島へは上陸できませんね。1週間かそれ以上、島が孤立するときがありますよ」とフレッドは答えた。
　客たちはそれを聞いて不安に思いながら、階段を上っていった。しかし邸宅に着くと、すっかり気分が晴れた。いかにも執事らしい、背が高くて白髪まじりの男が、テラスで待っていたのだ。邸宅そのものもりっぱな建物で、眺めがすばらしかった。
　執事が歩みでて、おじぎをした。
　「どうぞこちらへお越しください」と言う。客たちが彼について広い玄関ホールへ入ると、飲み物が用意されていた。酒の瓶が並んでいる。アンソニー・マーストンが歓声をあげた。これこそ彼が望んでいたものだ。
　客たちが思い思いにグラスについで飲んでいると、執事が自分の名はロジャーズだと自己紹介した。そして、こう伝えた。オーエンさまは遅れており、明日まで到着いたしません。お客さまのお望みはなんでもお伺いするように、そして寝室へご案内するようにと申しつかっております。夕食は8時にご用意いたします……。

＊　＊　＊

　料理人でもあるミセス・ロジャーズの後について、ヴェラは寝室へ向かった。ミセス・ロジャーズが窓をあけはなつと、日の光が美しい部屋のようすを照らしだした。
　「何かご入り用でしたら、ベルを鳴らしてください」とミセス・ロジャーズが言った。なんて顔色が悪くて、びくびくした感じの人なのかしら、とヴェラは思った。視線をあちこちに動かして落ち着かず、まるで何かにおびえているようだ。
　ヴェラは明るい声を出した。「わたしはオーエンさまの奥さまの新しい秘書ですが、ご存じですよね？」
　「いいえ、何も存じあげません。みなさまのお名前と、お部屋の割り当てを書いたものをいただいただけなのです。奥さまにもまだお目にかかっておりません。わたしたちも2日前にここへきたばかりですので」

「まあ、なんて変わった人たちなの！」ミセス・ロジャーズが部屋を出ていくとき、ヴェラはそう思った。

ヴェラはまわりを見まわした。きれいで居心地のよさそうな部屋だ。とてもモダンで、白いカーペットが敷かれている。暖炉の上の棚には、クマをかたどった大きな白い大理石の置物。その置物には時計がはめこまれている。その上の壁に、額入りの詩が飾ってあった。ヴェラが幼い頃から知っている古い童謡だ。

10人の小さな兵隊さんが食事に出かけたよ。
1人がのどをつまらせて、9人になった。

9人の小さな兵隊さんが夜ふかしをしたよ。
1人が寝すごして、8人になった。

8人の小さな兵隊さんがデヴォンを旅していたよ。
1人がそこに残ると言って、7人になった。

7人の小さな兵隊さんが薪を割っていたよ。
1人が自分を真っ二つに割って、6人になった。

6人の小さな兵隊さんがハチの巣で遊んでいたよ。
1人がハチに刺されて、5人になった。

5人の小さな兵隊さんが法律を学んでいたよ。
1人が大法院に入って、4人になった。

4人の小さな兵隊さんが海に出ていたよ。
1人が燻製のニシンに飲まれて、3人になった。

3人の小さな兵隊さんが動物園を歩いていたよ。
1人が大きなクマに抱きしめられて、2人になった。

2人の小さな兵隊さんがひなたぼっこをしていたよ。
1人が焼けこげて、1人になった。

1人の小さな兵隊さんがひとりぼっちになったよ。
自分で首をくくって、そして誰もいなくなった。

ヴェラはほほ笑んだ。なるほどね！　兵隊島だから、小さな兵隊さんってわけね！なんておもしろいアイデアなのかしら、と彼女は思った。

＊　＊　＊

アームストロング医師が兵隊島に着いたのは、ちょうど太陽が海に沈む頃だった。フレッド・ナラコットがボートを島へ走らせているあいだ、アームストロング医師は、あらゆるもの——診察室、患者たち、俗世間——から逃れられて、なんていい気分だろう、と思っていた。

浜から階段を上って最初に出会ったのは、テラスにすわった老紳士だった。どこかで見たことのある顔だ。

「どこで見たんだったかな？　ああ、そうだ！　ウォーグレイヴ判事だ！　裁判で一度あの人の前にすわったことがあったんだ」とアームストロングは思った。老判事は陪審員に大きな影響力を持っていることで知られている。こんなところでまた会うとは、おかしなことがあるものだ。

ウォーグレイヴは心の中でつぶやいた。「おや、アームストロングか？　たしか証人だったはずだな」

「ホールに飲み物がありますよ」と判事は声をかけた。

「まずは、ご主人夫妻にご挨拶したいのですが」アームストロングが言った。

「無理ですな。そのふたりがいないから」ウォーグレイヴはぼやくように言った。「コンスタンス・カルミントンを知っていますか？」

「さあ、知りませんね」アームストロング医師が答える。

「どうでもいいんだが」とウォーグレイヴ。「ただ、来る家を間違ったんじゃないかと思ってね」

アームストロング医師が中へ入ると、入れ替わりにロジャーズが出てきた。判事はこう訊いてみた。「コンスタンス・カルミントンは来るのかね？」

「いいえ、わたしは伺っておりませんが」ロジャーズが言った。

判事は目を大きく見開いたが、何も言わなかった。

第3章 (英文 ☞ p.52)

夕食が終わろうとしていた。料理は美味で、ワインもすばらしかった。みな気分がよくなってきて、さっきよりたがいに心を開いて話しはじめた。

ウォーグレイヴ判事もワインのおかげで楽しげに話していた。アームストロング医師とトニー・マーストンが彼の話を聞いている。ミス・ブレントとマッカーサー将軍には、共通の友人がいることがわかった。ヴェラ・クレイソーンはデイヴィスに、南アフリカのことを尋ねていた。ロンバードはみんなの会話に耳を傾けている。ただ1、2度、ぱっと顔をあげると、いぶかしそうに目を細めてデイヴィスを見た。

不意に、トニー・マーストンがテーブルのまん中を指さした。

「ほら、おもしろいじゃないか」と言う。そこに並べられているのは、10体の小さ

な陶器の人形だ。「兵隊島だから、兵隊さんってわけだ。そういうことだろ」

「詩に出てくる、10人の小さな兵隊さんよ！」とヴェラ。「その詩を額に入れて、わたしの寝室に飾ってあるわ」

「おれの部屋にもあるよ」とロンバード。

「わたしの部屋にもありますよ」

みなが口をそろえた。

「おもしろいアイデアよね」とヴェラ。

「ふん、子どもじみたまねだ」ウォーグレイヴは、さらにワインをつぎながら言った。

パーティーは客間へ移った。フランス窓があいているので、波の音が漂ってくる。客たちは世間話に花を咲かせ、ロジャーズがコーヒーを配っている。とてもうまい——ブラックで熱い。

この心地よい場に、突然、「声」が響いてきたのだ。なんの前触れもなく襲ってきて、平和を打ち砕いた。

　「みなさん！　お静かに！」

みんなはびっくりして、たがいに見つめあった。いったい誰が話しているのだろう？　「声」は続いた。

「あなたたちは次に述べる罪状で告発されている」

「エドワード・アームストロング、あなたは1925年3月14日、ルイーザ・メアリ・クリースを死に至らしめた」

「エミリー・ブレント、あなたは1931年11月5日、ビアトリス・テイラーの死に関与した」

「ウィリアム・ブロア、あなたは1928年10月10日、ジェイムズ・ランドーを死に至らしめた」

「ヴェラ・クレイソーン、あなたは1935年8月11日、シリル・ハミルトンを殺害した」

「フィリップ・ロンバード、あなたは1932年2月のある日、東アフリカの部族民21名を死に至らしめた」

「ジョン・マッカーサー、あなたは1917年1月4日、妻の愛人アーサー・リッチモンドを死に追いやった」

「アンソニー・マーストン、あなたは昨年の11月14日、ジョンならびにルーシー・コームズを殺害した」

「トーマス・ロジャーズ、ならびにエセル・ロジャーズ、あなたたちは
1929年5月6日、ジェニファー・ブレイディーを死に至らしめた」

「ローレンス・ウォーグレイヴ、あなたは1930年6月10日、エドワー
ド・シートンを殺害した」

「被告人たちよ、何か申し開きができるか？」

* * *

「声」はやんだ。ロジャーズがコーヒーの盆を落とし、すさまじい音をたてた。部
屋の外から悲鳴が聞こえ、ドサッという音がする。

ロンバードが戸口へ駆けよると、ミセス・ロジャーズがホールで倒れていた。ト
ニー・マーストンが手伝い、彼女を客間のソファへ運んだ。アームストロング医師
がすばやく近づいて具合をみる。

「大丈夫。気を失っただけです」と彼は言った。そしてロジャーズに、ブランデー
を持ってくるように伝えた。真っ青な顔で、手を震わせたロジャーズが部屋から出
ていくと、ヴェラが叫んだ。「誰が話してたの？　どこにいるの？」

「いったい何が起こってるんだ？」マッカーサー将軍も言った。

「あの声は部屋の中から聞こえたようだったな」ロンバードがそう言って、壁じゅ
うに目を走らせた。そしていきなり暖炉わきのドアへ向かうと、ドアをあけはなっ
た。すると隣室に、レコードプレーヤーを置いたテーブルがあったのだ。

「あったぞ！」と彼が言うと、他の者たちがいっせいに周りを囲んだ。ミス・ブレ
ントだけが椅子にじっとすわっていた。

その部屋では、レコードプレーヤーを置いたテーブルが壁のすぐそばに寄せられ
ていた。ロンバードが調べると、客間まで音が通るように、壁に2、3個の小さな穴
があけられていた。針をレコードに当てたとたん、あの声がふたたび響いた。

「あなたたちは次に述べる罪状で告発されている——」

「とめて！」ヴェラが叫んだ。

アームストロング医師がいくらか安心したように言った。「ただの悪質ないたずら
ですね」

「でも、だれがレコードをかけたんです？」マーストンが訊いた。

「そのとおりだ」と判事。「それを調べようではないか」彼は客間へ戻っていった。

そこへロジャーズがブランデーを持って入ってきたので、ミス・ブレントがミセ
ス・ロジャーズを支えてすわらせた。

「エセル、大丈夫だよ。何も問題ない。しっかりするんだ」ロジャーズが妻に声を

かけた。

「奥さん、ひどくショックを受けただけですよ」とアームストロング医師は言い、ロジャーズに尋ねた。「ブランデーはどこだい？」

ロジャーズはブランデーのグラスをそばのテーブルに置いていた。医師がそれを取って、ミセス・ロジャーズに渡した。彼女が少し飲むと、効き目が表れてきたようだった。

「ずいぶんよくなったようです。ありがとうございました、先生」とロジャーズ。「わたしもひどくショックを受けました。それでお盆を落としたりして——」

ウォーグレイヴ判事がそれをさえぎった。「誰がレコードをかけたのかね？」とロジャーズに訊いた。「きみなのか？」

「どんなレコードか知らなかったのです！」ロジャーズは声をあげた。「わたしはただご指示に従っただけです！」

「説明してもらおうか」と判事。

「オーエンさまが、レコードをかけるようにとおっしゃったのです。その部屋にレコードがあるからと。わたしが客間でコーヒーをお出ししている間に、妻がかけることになっておりました。本当です、神に誓います！」

「まったく馬鹿げておる！」マッカーサー将軍が怒りだした。「このオーエンとかいう男、どんなやつか知らんが——」

「でも、いったい、どういう人なんです？」ミス・ブレントが訊いた。

「それこそ、はっきりさせねばならんな」と判事は言った。「ロジャーズ、まずは奥さんをベッドに寝かせてくるといい。それから戻ってきてくれ」

「手伝うよ」とアームストロング医師。

ふたりはミセス・ロジャーズを部屋から連れだした。

「ぼくは一杯飲みたいな」彼らが出ていくと、トニーが言った。ミス・ブレント以外のみながそれに賛成し、それぞれ飲み物をついだ。まもなく、アームストロング医師が戻ってきた。

「彼女は大丈夫ですよ。睡眠薬をあげてきました。おや、わたしも一杯いただこうかな」少したって、ロジャーズも戻ってきた。すると、ウォーグレイヴが指揮をとった。客間が突然、法廷に変わったのだ。

「さて、ロジャーズ、このオーエンという人物について、知っていることを話してもらいたい」

「そのう、それができないのでございます。まだお目にかかったことがありませんので。妻とわたしは数日前にここへ来たばかりです。プリマスのレジャイナ・エージェンシーを通して、お手紙で雇われたのです」

「とても信用のある紹介所ですね」ブロアがうなずきながら言った。

「指定された日に来ることになっておりました」ロジャーズは続けた。「ここへ着

くと、何もかもが整っておりました——食料品はたくさん買い置かれておりましたし、あらゆるものが立派でした。それから、パーティーの用意をするようにとのご指示がありました——これもお手紙によるものです。昨日もオーエンさまからご連絡があり、オーエンさまと奥さまは遅れるので、わたしたちでできるかぎり、おもてなしするようにとのことでした。そして夕食とコーヒーと、レコードをかけることについてご指示を受けたのでございます」

「その手紙を持っているだろうね」判事が言った。

「はい、持っております」とロジャーズは言うと、ポケットから手紙を取りだして、ウォーグレイヴに渡した。

「ふうむ」と判事。「タイプで打ってあるな。リッツ・ホテルからだ」

「へえ、なんだか変わった名前だなあ」トニーが判事の後ろからのぞきこんで言った。「ユーリック・ノーマン・オーエンか」

「ありがとう、マーストン君。いい指摘をしてくれた」と判事。「さて、そろそろ、招待主について知っていることをすべて話しあうときだと思う。わたしたちはみな、彼の招待客だ。いったい、どんなふうに招かれたのかね?」

ミス・ブレントが最初に話しはじめた。「手紙が届いたんです。2、3年前に会ったという女性からのものでした。でも、差出人の名前が読みづらくてね。オリヴァーか、オグデンだと思ったのですよ。ミセス・オリヴァーも、ミス・オグデンも知っていますからね。ですが、オーエンなんて名前の人はまったく知りません」

ミス・ブレントは手紙をポケットから出して、判事に見せた。

「クレイソーンさんは?」判事はそう言って、若い女性のほうを向いた。

ヴェラは、ミセス・オーエンの秘書として雇われたいきさつを説明した。

「マーストン君はどうかね?」と判事。

「友だちのバジャー・バークリーから連絡があったんです。ここへ遊びにこいってね」

「アームストロング君は?」

「ミセス・オーエンを診察するために呼ばれました」

「マッカーサー将軍?」

「このオーエンという男から手紙が来たんだ。わしの友人も数人来るからとな。友人たちと過ごすようにと招待された」

「ロンバード君?」

ロンバードは、本当のことを打ち明けるべきかと迷っていた。しかし、やめておこうと決めた。「似たようなもんですよ」と言う。「共通の友だちがいるとかいう手紙が来てね」

「さて、ここで興味深い点がひとつある」ウォーグレイヴは言った。「録音された声は、われわれ全員を名前で呼んでいた。そのひとつがウィリアム・ブロアだ。と

ころが、われわれの中にブロアという名の者はいない。そして、デイヴィスという名前は呼ばれなかった。これについて説明してもらえるかな、デイヴィス君？」

「もう隠してもしかたないようですね」彼は言った。「わたしがウィリアム・ブロアですよ。南アフリカ出身ではなく——」

「やっぱり！」ロンバードが声をあげた。

「プリマスで探偵事務所を開いてるんです」ブロアは続けた。「オーエン氏からこの仕事を依頼されたんですよ。多額の報酬が送られてきて、ここへ来て客として振る舞うよう指示されましてね。みなさんの名前も知らされましたよ。全員を見張るようにということでした」

「なんのためかね？」

「ミセス・オーエンの宝石を守るためです」とブロア。「でもいまは、そんな人物はいないんだと思いますね」

「なるほど、きみの言うとおりだろう」判事はそう言うと、唇を指で撫でながら考えこんだ。「ユーリック・ノーマン・オーエンか！　ブレントさんの手紙では、ファーストネームはなんとか読める程度に書かれているな。ユーナ・ナンシー。おや、同じ頭文字じゃないか。ユーリック・ノーマン・オーエン、ユーナ・ナンシー・オーエン——どちらも、U・N・Ｏｗｅｎだ。少しばかり想像力をふくらませたら、UNKNOWN*_{アンノウン}になるぞ！」

「でも、そんなの、気ちがいじみてるわ！」ヴェラが声をあげた。

「そうだ」判事は暗い声で言った。「われわれの招待主は狂人かもしれんな」

第4章 <small>（英文 ☞ p.66）</small>

みんなが黙りこんだ。

「わたしは、古い友人のレディー・コンスタンス・カルミントンに、ここへ招待されたのだ」判事は続けた。「何年も会っていなかったのに、つい最近、ここで会いたいという手紙を受け取ってね」判事はポケットから手紙を取りだすと、テーブルの上に置いた。

「これで重要なことが見えてきたな。われわれを招いた者が誰であれ、その人物はわれわれ全員のことをよく知っている。もしくは、わざわざ細かく調べ上げているのだ。たとえば、わたしがレディー・カルミントンと友人だということを知っている。また、トニー・マーストン君の友人バジャーのことや、彼がどんな電報を送りそうかも知っている。ブレントさんが2年前の夏に行った場所も知っている」

---

* UNKNOWN：誰かわからない、未知の人

彼はいったん口をつぐんだ。

「そしてわれわれを、それぞれの事件の犯人だと告発しているのだ」

みんなが声をあげ、告発された罪について自分を弁護しはじめた。

判事は片手をあげて、ふたたびみんなを黙らせた。

「わたしはエドワード・シートン殺害の罪で告発されている」判事は言った。「シートンのことはよく覚えているよ。老女殺害の容疑で、わたしの法廷へやってきた。弁護人の弁護が見事だったので、陪審員はシートンが無実だと信じていた。しかし証拠を見れば、シートンが有罪なのは明らかだった。わたしは有罪にするよう陪審員を説得し、死刑の判決を言いわたした。この件について、後ろめたいところはまったくない。正義が果たされたのだよ」

すると、ヴェラが話しはじめた。

「わたしがシリルという男の子を殺しただなんて。わたしはシリルの家庭教師だったんです。あの子は海で遠くまで泳ぐことを禁じられていました。でもある日、わたしが目を離したすきに泳ぎだしてしまって。あわてて後を追いましたが、間に合わなかったんです……ああ、なんてひどい……。でも、わたしのせいじゃありません。検視官は無実だと言ってくれたし、シリルのお母さんでさえ、わたしを責めたりしなかったんです。わたしのせいじゃないんです！」彼女はわっと泣きだした。

マッカーサー将軍がヴェラの肩をやさしくたたいた。

「まあ、まあ」と言う。「もちろん、あんたのせいじゃない。これはぜんぶ、狂人の仕業だよ」

そして他の人たちに目を向けると、将軍はきっぱりと言った。「アーサー・リッチモンドの件で、あの録音が言ったことは真実ではないぞ。リッチモンドはわしの部下で、将校のひとりだった。わしは彼を偵察に送った。そして彼は殺された。戦争ではよくあることだ」

「そのとおり」ロンバードが言った。「戦争って、そういうもんですよ。あのアフリカの部族民の話だけど——認めますよ、おれが置き去りにしたんです。自分を守るか、あいつらを守るか、そのどちらかだったんでね。荒野に入りこんでしまったから、あるだけ全部の食料を持って逃げたんですよ」

「部下を見捨てて、飢え死にさせたのか？」マッカーサー将軍が訊いた。

「さっき言ったじゃないですか。自分を守るか、あいつらを守るかのどちらかだったんだ」

それから、トニー・マーストンが話しだした。「ジョンならびにルーシー・コームズ……。きっと、ケンブリッジで車でひいた子どもたちだな。運が悪かったんだ」トニーはグラスを取りあげると、酒瓶の並ぶテーブルのところへ行き、酒を注いだ。「ぼくのせいじゃありませんよ」と、肩ごしに言った。「ただの事故だったんだ！」

つぎはロジャーズが話す番だった。

「録音では、わたしと妻がブレイディーさまを殺したと言っておりましたね。とんでもないことでございます。わたしたちは長年ブレイディーさまにお仕えしておりました。ブレイディーさまは重いご病気でした。ある夜、嵐になり、電話が通じなくてお医者さまを呼べなかったのです。わたしは嵐の中へ出て、お医者さまを捕まえたのですが、連れて戻ってきたときにはもう手遅れでした。わたしたちはブレイディーさまのために、できるかぎりのことをしたのです」と言って、ロジャーズは首を振った。

　「その女主人が死んだあと、きっと、かなりの金が転がりこんだんだろう」とブロアが言った。

　「ええ、ですが、わたしたちは何年もお仕えしてきたのです」とロジャーズ。「何も悪いことはないはずでございます」

　「そう言うあんたは、どうなんだ?」ロンバードがブロアに詰問した。

　「わたしですか?　銀行強盗の捜査をしてあの男を逮捕し、そいつが刑務所行きになったんですよ。たまたま刑務所の中で死にましたがね。わたしのせいじゃない」ブロアは言った。

　「ランドーの事件なら覚えているよ」ウォーグレイヴ判事が口を挟んだ。「ランドーを刑務所に送ったあと、きみは昇進したのではなかったかね?」

　「そうです」ブロアは静かに答えた。

　するといきなり、ロンバードが笑いだした。「みんな、なんて善良な市民の集まりなんだ!　さて、あんたはどうですか、先生?　小さな医療ミス?　それとも手術の失敗ですか?」

　「あの録音がなんのことを言ってるのか、わたしにはまったくわからないんです。クリースでしたっけ?　クロースだったかな?　そんな名前の患者は思い出せませんね」と医師は言った。しかし、心の中ではこう思っていた。「ひどく酔っていたんだ……わたしが彼女を殺してしまった!　看護師は知っているが、誰にも話さなかったはずだ……それとも、話したのか?」

＊　＊　＊

　いまや全員の目がエミリー・ブレントに注がれていた。しかし、彼女は何も話そうとしなかった。

　「ロジャーズ、島には他に誰かいるのかね?」判事が尋ねた。

　「いいえ、誰もおりません」

　「このアンノウンという招待主が、なぜわれわれを招いたのかわからんが、危険な人物かもしれん。この島をすぐに出たほうがいいだろう」と判事。

　「それが、ここにはボートがないのでございます」ロジャーズが言った。「フレッド・ナラコットが毎朝来て手紙と牛乳を届けてくれ、必要なものの注文を取っていくのです」

「では、明日彼が来たら、みんなでこの島を去ることにしよう」

それぞれが賛成の声をあげたが、アンソニー・マーストンだけが反対した。

「謎も解かずに島を出たいんですか?」とマーストン。「ぼくは、わくわくするなあ。島にいませんか——おもしろそうですよ!」そう言いながら、マーストンはウィスキーを飲みほした。だがそのとたん、苦しげにむせはじめた。顔がみるみる紫色になっていく。息をしようとあえぎながら椅子からすべりおち、その手からグラスが落ちた。

第5章 （英文 ☞ p.76）

アームストロング医師が、床に倒れたマーストンに駆けよった。

「なんてことだ!」アームストロングは言った。「死んでいる!」

みんなはショックを受けて、呆然と立ちつくした。信じられない。屈強で健康な若者が、ウィスキーにむせたくらいで死ぬはずがない!

アームストロング医師は、マーストンのグラスの匂いをかいだ。

「飲み物に何か入っていたんですね。正確にはわかりませんが、きっと青酸カリだと思います」それから、ならんだ酒瓶のほうへ行き、ウィスキーの匂いをかいでみた。「瓶には入ってないな」と言う。

「つまり——自分でグラスに毒を入れたってことかい?」ロンバードが訊いた。

「自殺ですって? そんなの、ありえないわ! あんなにいきいきしてたのに!」ヴェラがひどく動揺して言った。

「他にどんな可能性が考えられますか?」アームストロング医師が訊いた。

誰もがゆっくりと首を振った。毒を仕込まれた瓶は一本もない。しかも、マーストンが自分でウィスキーをついでいるところを、全員が目撃していたのだ。ということは、彼が自分でグラスに毒を入れたのにちがいない。

「でも、納得がいきませんね。マーストンは自殺するようなタイプには見えませんでしたよ」とブロアが言った。

「ええ、わたしもそう思います」アームストロングは言った。

* * *

夜が更けて、みなが寝室へ引きあげたあと、ロジャーズは片づけのためにダイニングルームへ入った。皿を片づけていたとき、テーブルのまん中に置かれた小さな兵隊の人形に気がついた。

「おや、おかしいな」彼は思った。「10個あったはずだが」

* * *

マッカーサー将軍はベッドの中で寝返りを打った。どうしても眠れない。ずっと

アーサー・リッチモンドのことを考えていたのだ。彼はリッチモンドのことを気に入っていた——いい青年だった。だが、人の妻を盗むようなやつを許せるはずがない。マッカーサーは妻のレズリーを心から愛していた。妻は美しくて若い女性で、彼はすっかり信じていた。もちろん、自分が父親といっていいほど年配で、リッチモンドは妻よりひとつ年上なだけということなど、忘れていたのだ。ふたりの関係に気づいたときには、ひどくショックを受けて傷ついた。ああ、本当に胸が張り裂けそうだった！　そして、冷酷な怒りがゆっくりと育っていった。

マッカーサーはリッチモンドを死に追いやった。当時の戦況は非常に悪く、生きて帰ることはほぼ不可能だった。リッチモンドは戦地で死に、マッカーサーはつゆほども後悔しなかった。しかし、もうひとりの将校のアーミテッジが妙な目つきで見るようになったことに、彼は気づいていた。アーミテッジは疑っていたか、あるいは、真実を察していたのかもしれない。

だが、もうずっと昔のことだ。レズリーは、リッチモンドが死んでまもなく、病気で亡くなった。自分はその後、ほとんど人とかかわらずに、孤独に暮らしてきたのだ。それがいまになって、あんな録音が昔の秘密を持ちだしてくるとは……。

＊　＊　＊

ヴェラはベッドの中で目を覚ましたまま、ヒューゴーのことを考えていた。彼はヴェラの人生から姿を消してしまった。

「いま、どこにいるの？」ヴェラはぼんやりと考えた。

ヒューゴーに抱かれていたときのことを思い出す。

「愛しているよ、ヴェラ」と彼は言った。「でも、結婚してくれとは言えない。このとおり金がないからね。それでも、シリルが生まれるまえの3カ月間は、金持ちになれると思ってたんだよ。もしシリルが女の子だったら、一家の財産を相続できたから……。がっかりしたけど、それが人生ってもんだな。それに、シリルはいい子だしね」

ヴェラの思いはシリルへと移った。いつもめそめそした、小さな男の子。体が小さくて弱い子だった。ちゃんと育って大人になれるのかしら、と思ったくらいだ。もし、なれなかったら？　そしたら、ヒューゴーが兄モーリスの財産を相続する……。そして、ふたりはいっしょになれる……。

ヴェラは額に入った詩を見あげた。

「10人の小さな兵隊さんが食事に出かけたよ。
1人がのどをつまらせて、9人になった」

「今夜のわたしたちにそっくりだわ」ヴェラはそう思い、ぞくっとした。

第6章 （英文 ☞ p.80）

　アームストロング医師は、ロジャーズに揺すられ目を覚ました。
　「先生！　起きてください」ロジャーズが言った。
　「どうしたんだ、ロジャーズ？」
　「妻が……どうしても目を覚まさないのです！」ロジャーズは恐怖のために取り乱しているようだ。
　アームストロング医師はすばやく着替えると、ロジャーズについてミセス・ロジャーズの部屋へ向かった。彼女は横を向いて、安らかに横になっている。アームストロングは近づいて、脈をとった。ゆっくりとロジャーズのほうを見る。
　「亡くなっているよ」と言った。
　「そんな、まさか！」ロジャーズが叫んだ。
　「ふだんの体の具合はどうだったんだい？」医師は訊いた。
　「少しリウマチがありましたが」とロジャーズ。
　「夜よく眠れるように、何か飲んだかい？」と、きつい口調で尋ねる。
　「わたしの知るかぎりでは飲んでいません」
　アームストロングはベッドわきのテーブルの引き出しを調べた。変わったものは何もない。
　ロジャーズが言った。「妻は昨夜、何も飲みませんでした。そのう、先生がくださった薬以外は……」

＊　＊　＊

　9時になると、人々が朝食をとりに集まってきた。卵、ベーコン、紅茶やコーヒーを口に運びながら、エミリー・ブレントが訊いた。「ボートは来るんでしょうか？」
　「今のところ来ていません」ヴェラが言った。彼女はロンバードとブロアといっしょに外に出ていたのだ。「それに、嵐が来そうなんです」
　ロジャーズがダイニングルームを出ていくと、ミス・ブレントは、ロジャーズの顔色が悪いようだと言った。
　「ロジャーズを許してやってください」とアームストロングが言う。「朝食をひとりで用意しなければならなかったんです。じつは、悲しいお知らせがあります。ミセス・ロジャーズが昨夜、睡眠中に亡くなりました」
　テーブルのあちこちから驚きの声があがった。
　ヴェラが叫んだ。「ああ、こわいわ！　わたしたちが来てから、この島で2人も亡くなったなんて！」
　「死因はなんですかな？」ウォーグレイヴ判事が訊いた。
　「なんとも言えません」医師は言った。「ふだんの健康状態を知らないことには、判断できませんね」

「神経過敏な人のようでしたね。昨夜のショックのせいで、心臓が止まったんじゃないかしら」とヴェラ。

「もしくは、罪悪感のせいで亡くなったのでしょう」ミス・ブレントが言った。

「どういうことですか?」とアームストロング。

「みなさんも昨夜、何があったか聞いたでしょう。あの夫婦は、年よりの女主人を殺したと告発されたのです。それが本当だから、声に出して暴かれるのを聞いて、そのショックで亡くなったのでしょう」とミス・ブレントは言った。

「ありえますね」とアームストロング。「もし、心臓が弱いという病歴があれば……」

「神の御業ですよ」とミス・ブレント。「神は罪人を打たれるものです!」

「彼女は昨夜、寝室へ行ったあとに、何か食べたり飲んだりしませんでしたか?」ブロアが訊いた。

「ロジャーズは、何も口にしていないと言っていたが」とアームストロング。

「ああ、でもロジャーズなら、そう言うに決まってますよ!」ブロアが声をあげた。

「どうして?」

「みなさん、昨夜の彼のようすを見たでしょう」とブロア。「奥さんが気を失ったあと、ロジャーズは彼女をじっと見つめていた——体を心配しているだけのようには見えませんでしたね。彼女が何かしゃべりだすんじゃないかと怖れてたんですよ! きっと夫婦でその老婦人を殺したんでしょう。奥さんは罪の意識で頭がおかしくなりそうだった。だから、彼女にしゃべらせて、秘密を漏らすわけにはいかなかったんだ! たぶん何かを飲ませて、口を封じたんですよ」

しばらく沈黙が続いた。誰かが話しだすまえに、ドアがあいて、ロジャーズが入ってきた。

「他にご入り用のものはありますでしょうか?」ロジャーズが訊いた。

「ボートはいつも朝の何時に来るのかね?」判事が尋ねた。

「8時から9時のあいだでございます。もうすぐ10時になりますね。ナラコットは今朝はどうしたのでしょうか、どうもわかりかねます」とロジャーズ。

「奥さんのことは気の毒だったね」マッカーサー将軍が言った。「先生から聞いたところだよ」

ロジャーズは頭を垂れて、言った。

「おそれいります」

＊　＊　＊

戸外で、ロンバードとブロアが海を見つめていた。

「ボートは来ないと思うね」ブロアが苦々しそうに言った。「すべてが招待主の計画なんだ」

「わしらがこの島を出ることはないぞ」と、背後から声がした。

ふたりが振りかえると、そこにマッカーサー将軍がいた。

「誰ひとり出ることはない……終わりなのだ。いいかね、何もかも終わるのだよ……」彼は背を向けると、海のほうへ歩いていった。

ブロアがロンバードに顔を向けた。

「頭がおかしくなったんだ!」と言う。「これが片づくまでに、みんな気が変になってしまうかもしれないぞ!」

＊　＊　＊

アームストロング医師が外に出ようとしたとき、ロジャーズがうろたえたようすで近づいてきた。

「おそれいりますが、先生、いっしょに来ていただけませんでしょうか?」と頼んだ。「こちらでございます」

ロジャーズはダイニングルームのドアをあけた。

「あの小さな人形です」彼はダイニングテーブルの上の兵隊たちを指さした。「わけがわからないのです。まえは、たしかに10個ございました」

「そうだ、10個だよ」とアームストロング。「昨夜、夕食のときに数えたからね」

「それがですね、昨夜夕食の片づけをしたときは、9つしかなかったのです」とロジャーズは言う。「そのことに気づいて、妙だと思っておりました。でもいま見たら、今朝は8つしかないのですよ!」

第7章 （英文 ☞ p.86）

朝食後しばらくして、ヴェラ・クレイソーンとエミリー・ブレントは海岸へ、ボートが来るかどうか見にいった。

ふたりは歩きながら話していた。

「ブレントさん、ロジャーズ夫婦が老婦人を殺したのは本当だと、そう思っていらっしゃるんですか?」

「何もかもがそう示していますよ」ミス・ブレントが言った。「ふたりが告発されたとき、奥さんは気を失ったし、ロジャーズはコーヒーを落としたじゃないの。ええ、まちがいなく本当の話ですよ」

「でも、他の告発もあったわ」とヴェラ。「わたしたち全員に対しての告発です。ロジャーズ夫婦の件が本当だからって、みんなについても本当だということには……なりませんよね?」

「そうねえ、ロンバードさんは例の20人を置き去りにしたと、はっきり認めましたね。それから、ウォーグレイヴ判事はご自分の仕事をしただけです。ブロアさんもそうでしょう」ミス・ブレントは言った。「ある意味で、わたしも同じですよ」

「まあ、そうなんですか？」ヴェラは興味を抱いた。

「ええ。昨夜何も言わなかったのは、男の人たちのまえでは話しにくいことだったからです」とミス・ブレント。「ビアトリス・テイラーはわたしの使用人でした。行儀がよくて、きれい好きで、よく働きました。ところが、じつはふしだらな娘だったんですよ。男たちとつき合ったりしてね、ある日、妊娠していることがわかったんです。結婚もしていないのに！　とにかく、わたしの家でそんなことを許すわけにはいきません。その場でくびにしましたよ」

「それで、その娘さんはどうなったんですか？」

「自殺しました」

「まあ！」ヴェラは声をあげた。「ご自分を責めませんでしたか？」

「わたしが？　わたしにはなんの関係もありませんよ。あの娘の罪が、自らを自殺へと追いやったのです。きちんとした女性として振る舞っていれば、あんなことにはならなかったんですよ」そう言って、厳しく冷たい目でヴェラを見つめた。ヴェラは思わず身震いした。

＊　＊　＊

アームストロング医師は外を歩いていた。ふと見ると、フィリップ・ロンバードが崖のふちに立っている。アームストロングは誰かと話したくてたまらなかった——頭の中を整理する必要があったのだ。

「ロンバード君、ちょっと話していいかい？」アームストロングは声をかけた。

ふたりは海岸のほうへ歩きながら話した。

「じつは妙なことが起こっているんだ」アームストロングは言った。そして、ロジャーズがダイニングルームで見つけたことを詳しく話した。

「そうだな、昨夜の夕食のときには10個あったぞ」とロンバード。「いまは8つだって？」

アームストロングは詩を暗唱した。

> 「『10人の小さな兵隊さんが食事に出かけたよ。
> 1人がのどをつまらせて、9人になった。
>
> 9人の小さな兵隊さんが夜ふかしをしたよ。
> 1人が寝すごして、8人になった』」

「偶然にしては、できすぎだな！」ロンバードが言った。「マーストンはのどをつまらせて死んだし、ロジャーズの女房は目を覚まさなかった！」

「だから？」とアームストロング。

「だから、ここには、ちがう兵隊がいるのさ——アンノウンという謎の兵隊がね！

U・N・オーエンだ！ 完全に狂ってるんだ！」

「わたしもそう思うよ」とアームストロング。「だが、ロジャーズは島には他に誰もいないと言っていたし、うそをついているとは思えない。ずいぶんおびえているからね。何が起きてるかわからないようだ」

「島を捜索してみようぜ」とロンバード。「ここは裸の岩だ。人が隠れる場所なんてかぎられてるさ」

「そうだな」アームストロングは言った。「ブロア君にも手を貸してもらおう。3人いれば、うまくいくだろう」

第8章 （英文 ☞ p.92）

　ロンバードとアームストロングが兵隊の人形のことを説明すると、ブロアも島の捜索に賛成し、手伝うと言った。

「ピストルを持ってくればよかったな」とブロア。「こういうとき、身を守るのにいいんだが」

「おれは持ってるよ」ロンバードがそう言って、ポケットを軽くたたいた。

　他のふたりが目を丸くしてロンバードを見つめた。ピストルを持っていると初めて知って、驚くと同時に不安を感じたのだ。しかし、他に選択肢はない。島を捜索して、彼らを皆殺しにしようとしている狂人を見つけだすしかなかった。

　作業はじつに単純だった。小さな島なので、あらゆる岩や、洞窟の入り口のように見える陰を調べた。ところが、洞窟も、人が隠れられるところも見つからない。その途中、マッカーサー将軍が海のそばにすわっているのに出くわした。

「いい場所を見つけましたね」ブロアが声をかけた。

　マッカーサーが振りかえり、人がいることに驚いた。目つきがおかしい。

「あっちへ行ってくれ。これは終わりなのだ。だが、きみらにはわからんだろう。わしらはけっして、ここから出ることはない」と、彼はひとりごとのように言った。そして海のほうへ向きなおった。

「頭がおかしくなったようだな」そこを離れながらブロアが言い、その考えに3人とも気が滅入った。

＊　＊　＊

　やがて島を回りおえたが、何も見つからなかった。3人は崖のふちに立って海を眺めた。空には暗い雲が集まり、風が出てきている。嵐が近づいているのだ。

　島の中で探すところがあと1カ所だけ残っている。崖の前面の絶壁だ。誰かをロープで降ろして、穴や洞窟がないか調べなければならない。ロンバードが、自分がやろうと申し出たので、ブロアがロープを探しにいった。

20分ほどして、ブロアが戻ってきた。ロンバードを崖に下ろせるくらいの長さのロープを手にしている。ブロアとアームストロングは崖の上に残り、ロープをしっかりつかんだ。

　「どうも気に入らないな」とアームストロング。「わたしは精神科の医師じゃないが、マッカーサー将軍の頭がおかしくなったのはまちがいない。わたしたちは、たしか狂人を探してるんじゃないのかい？」アームストロングの声に恐怖がにじんでいる。

　「そうだなあ、わたしは、ロンバードがピストルを持ってるのが気に入らないな」ブロアが答えた。「あなたはピストルを持ってきましたか、アームストロング先生？」

　「いいや、持ってくるわけないだろう！」

　「わたしもですよ」とブロア。「ふつうの人はピストルを持ってきたりしない。じゃあ、いったいなぜロンバードは持ってきたんだろう？」

　そのとき、ロープが強く引かれた。ロンバードが、引き上げてくれと合図してきたのだ。ふたりはロープを引っぱりはじめた。しばらくすると、ロンバードは彼らといっしょに崖の上に立った。

　「何もないぜ」ロンバードは顔の汗をぬぐいながら言った。「やつはきっと家の中に隠れてるんだ」

　3人は邸宅内のあらゆる部屋とクローゼットを測ってみた。だが、何に使うかわからないような空間は見つからなかった。

　捜索が終わると、3人は困惑したように顔を見合わせた。彼らの8人以外、島には誰もいないのだ。

第9章 （英文 ☞ p.96）

　正午にロジャーズがテラスへ出てきて、昼食の用意ができたことを知らせた。みんなはダイニングルームに集まったとき、マッカーサー将軍が来ないことに気がついた。

　「さっき散歩のとちゅうでお会いしたわ」ヴェラが言った。「浜辺にすわっておられたから、たぶん昼食の知らせが聞こえなかったんでしょう」

　「わたしが呼んできますよ」とアームストロング。「先に始めてください」

　昼食は缶詰から出したものばかりだった。もう料理人がいないからだ。食べながら世間話でもしようとしてみたが、ぎこちなくなるだけだった。ロジャーズは客たちの皿を集めてまわりだしたが、突然、手を止めた。

　「誰かが走ってきます……」と、窓の外を見つめて言った。すると、慌ただしい足音が聞こえ、アームストロング医師がドアを勢いよくあけて飛びこんできた。

「マッカーサー将軍が——」と言いよどんだ。自分が言おうとしていることが信じられないかのように。「亡くなっている！」

7人は言葉を失い、たがいに顔を見合わせた。

* * *

マッカーサー将軍の遺体が家に運びこまれたのと同時に、嵐がやってきた。ブロアとアームストロングが遺体を抱えて2階へ行くのを見ているうちに、ヴェラは嫌な予感に襲われた。いきなりダイニングルームへ駆けこみ、テーブルを見つめる。そこに立ったまま、しばらく動けなかった。やがてロジャーズが入ってきた。

「ああ、クレイソーンさま、わたしも見にきたところで……」と言いかけて、口をつぐんだ。

「そうよ、ロジャーズ。あなたの思っているとおりよ」ヴェラは言った。「人形は7つしかないわ」

* * *

将軍をベッドに横たえて、遺体のようすを調べたあと、アームストロングは客間にいるみんなのところへ行った。ミス・ブレントが編み物をしていた。ヴェラは窓のそばに立ち、外の嵐のようすを見ている。ブロアとウォーグレイヴは長椅子にすわり、ロンバードはいらいらと歩きまわっている。

「どうかね、先生？」ウォーグレイヴが訊いた。

アームストロングは体が震えていたが、なんとか落ち着こうとした。

「間違いありませんね」と言う。「マッカーサー将軍は後頭部を硬いもので殴られたんです」

みんなはショックを受けて、黙りこんだ。最初にふたたび口を開いたのはウォーグレイヴだった。権威を持つことに長年慣れてきた者として、ウォーグレイヴはその場の指揮を執った。

「では、これは殺人だとわかったわけだ」彼は言った。

全員がおびえた目で、たがいに視線を交わした。

「今朝テラスにすわっているあいだ、きみたち3人が島を歩きまわるのを見ていたよ」とウォーグレイヴ判事。「オーエンを探していたのではないかね？」

「ええ、そうですよ」ロンバードが言った。「でも見つかりませんでした。この島には誰も隠れているはずがない——とにかく不可能なんだ」

「そうすると、不愉快ではあるが論理的に次のような結論が出る」判事は言った。「われわれの中のひとりが、U・N・オーエンにちがいない！」

「そんな、まさか！」ヴェラが声をあげた。ウォーグレイヴ判事は彼女に目を向けた。

「お嬢さん、事実を直視せねばならんのだよ」と言う。「みんなが危険にさらされている。われわれの中のひとりがU・N・オーエンなのに、それが誰かわからない

のだ。島に来た10人のうち、3人はすでに嫌疑が晴れている。トニー・マーストン、ミセス・ロジャーズ、そしてマッカーサー将軍だ。残りはわれわれ7人、その中のひとりがミスター・アンノウンか、ミス・アンノウンにちがいない。みんな、賛成してもらえるかね？」

「おっしゃるとおりだと思いますよ」アームストロングが言った。

「では、証拠を調べねばならんな。誰か、役に立ちそうな話ができるかね？」

「ロンバード君はピストルを持っています！」ブロアがいきなり大声を出した。

ロンバードは冷たい微笑を浮かべると、島へ招待された経緯について、本当のことを話しだした。モリスのことや、ピストルを持っていくよう命じられたことも語った。

「でも、どんな証拠があるんだ？」ブロアがロンバードに尋ねた。「きみの話が本当だと確かめる方法などないぞ！」

「誰の話も証明などできんよ」ウォーグレイヴ判事がさえぎった。「ひとつひとつの死について、たしかに無実だと言える者がいるかどうか、それを調べねばならんのだ。さて、マーストン君についてだが、言えることは何もないだろう。われわれの中の誰もが、気づかれずに彼の飲み物に何かを入れることができたからね。だが、ミセス・ロジャーズについては——いくらか言えることがありそうだ。昨夜、例の録音を聞いたあと、ミセス・ロジャーズは気を失った。それから、みんなはレコードプレーヤーを見に隣室へ行った。ブランデーを取りにいったロジャーズと、客間で彼女のそばにいたブレントさんを除いてね。われわれが客間に戻ると、ブレントさんは彼女の上に身をかがめていた」

いままでずっと静かにすわっていたミス・ブレントが、顔を真っ赤にした。

「わたしは哀れな女性を介抱していたのですよ！」と、声を荒らげた。

「事実を述べているにすぎんよ」とウォーグレイヴ。「それからロジャーズがブランデーを持って入ってきた。そのブランデーに、部屋に入るまえに毒を盛ることもできただろう。彼女はブランデーを飲み、しばらくして、アームストロング先生とロジャーズに連れられて寝室へ行った」

「そうですよ！　そのとおりです！　だから、わたしとロンバード君、ウォーグレイヴ判事、それにクレイソーンさんは除外されますね」ブロアが言った。

「そうかね？」判事が尋ねた。「あらゆる可能性を考えねばならん。われわれのひとりがあとから彼女の部屋へ行って、何かを飲ませたということも十分ありえる。先生が睡眠薬を与えたから、彼女は眠くてぼんやりしていたはずだ——たいして抵抗されずに、誰でも飲ますことができただろう」

「でも、ロジャーズがいたでしょう——彼の部屋でもあるんだから！」とブロア。

「いや、ロジャーズは1階で夕食の後片づけをしていた」判事は言った。「つまり、全員必ずしも潔白ではないという事実が立証されたわけだ。さて、次にマッカーサー

将軍について考えてみようか。これが起こったのは今朝のことだ。わたしは午前中ずっとテラスにすわっていた。だがもちろん、誰にも気づかれずにマッカーサー将軍のあとを追いかけようと思えば、その時間はたっぷりあっただろう。ブレントさん、あなたはどうですかな?」

「午前中はずっとテラスで編み物をしていましたよ」ミス・ブレントが答えた。

「テラスであなたを見かけなかったがね」と判事。

「ええ、わたしは角をまがったところにいたんです。日が当たらないようにね」

「では、あなたも、誰にも気づかれずにマッカーサー将軍を殺せたわけだ」

ミス・ブレントは何も言おうとしない。

「わたしは午前中ずっと、ロンバード君とアームストロング先生といっしょにいましたよ」ブロアが割って入った。

「でも、きみはロープを取りに家へ戻ったじゃないか」とアームストロングが言った。「それに、ロンバード君も数分間ひとりでどこかへ行ってただろう!」

「ちょっといいことを思いついたから、試してたのさ!」とロンバード。「鏡を使ったら、村に光で合図を送れるかもしれないって思ってね。まあ、うまくいかなかったが……」

「それでは、3人とも午前中にひとりでいたときがあったわけだね?」判事が訊いた。

一瞬の間をおいて、3人のうちのひとりが答えた。「そのとおりです」

判事は次にヴェラに向かって言った。「きみはどうかね?」

「浜辺で散歩をしていました。マッカーサー将軍と顔を合わせたので、少しお話ししました。でも、あの人はなんだか……ようすが変だったわ」とヴェラ。「これで終わりだ、というようなことを言っていたけれど、なんのことかわからなくて、それで家に戻ってきたんです」

「最後に、ロジャーズの話を聞こうか」判事が言った。ロジャーズを部屋に呼ぶと、彼は午前中、朝食の片づけと昼食の用意に追われていたと答えた。また、昼食前にはテーブルに兵隊の人形が8つあったことも話した。

しばらく考えたあと、判事はまた話しだした。

「みなさん、事実を調べた結果、われわれのうちの誰もが犯人であり得るということが立証された。どの殺人についても、完全なアリバイを持つ者はいないからね。いまできることは、なんとか村に連絡して助けを呼ぶことだけだろう」少し黙ってから、こうつけ加えた。「われわれは非常に危険な状況にある。みんな十分気をつけるように——われわれの中に殺人者がいるのだから」

* * *

人々は雨がやむのを待ちわびながら、その日の午後を屋内で過ごした。ヴェラとロンバードはいっしょに家の中を歩いていた。ミス・ブレントは部屋にこもって日記

をつけ、ロジャーズは台所で忙しく働き、アームストロングとウォーグレイヴは客間で世間話をして時間をつぶした。お茶の時間には、全員がふたたび客間に集まったが、おたがい気まずく黙りこんでいた。

　お茶を持ってきたロジャーズがカーテンを閉めてランプを灯すと、部屋が明るくなったせいか、みんなの気持ちもいくらか軽くなってきた。ロジャーズが台所へ戻ると、客たちは席に着いてお茶を飲み、何事もないかのように振る舞おうとした。

　「毛糸の玉がふたつなくなったんですよ」ミス・ブレントが言う。「おかしなことだわね」

　そのとき急に、ロジャーズが部屋に入ってきた。

　「おそれいりますが、どなたか浴室のカーテンをご存じないでしょうか？」と訊く。「なくなったんです！　1階の浴室に赤いカーテンがかかっていたのですが——消えてしまったのです！」

　「今朝はあったのかね？」判事が尋ねた。

　「はい、ございました」

　「どうってことないだろう」とブロア。「赤いカーテンで人は殺せないよ」

　「はい、さようでございますね」ロジャーズは背を向けて去ったが、ぶるぶると震えていた。客たちはまたお茶を飲みだしたものの、不安そうに視線を交わしあった。

第10章 （英文 ☞ p.106）

　翌日、ロンバードは寝すごして午前10時頃に目を覚ました。

　「おかしいな。朝食に呼ばれなかったぞ」と思った。彼は着替えて部屋を出、ブロアの部屋をノックした。ブロアの返事からは、明らかに寝起きであることが伝わった。

　「もう10時30分だぜ」ロンバードは言った。

　「もう？　そんなに遅くまで寝てたとはね」とブロアが言う。

　「ロジャーズがお茶か朝食を持ってこなかったかい？」

　「いや、来てないな」とブロア。

　ロンバードは他の客たちの部屋をノックした。アームストロングはもう起きており、エミリー・ブレントの部屋は誰もいない。判事とヴェラは起こさなければならなかった。しかし、今朝は誰もロジャーズを見ていないという。

　ロンバードはロジャーズの部屋を見にいった。すると、ベッドに横になった跡があった。今朝、彼がここで起きたのはたしかだ。だが、いったいどこにいるのだろう？

　ロンバードは、ヴェラ、ブロア、アームストロング、そして判事を呼び集めなが

ら、1階へ下りた。ホールに入ると、ミス・ブレントが玄関から入ってきた。

「まだ雨が降っているし、波も高いですね」彼女は言った。「今日もボートは来てくれないでしょう」

「ひとりで外を歩きまわってたんですか?」ブロアが訊いた。「どれほど危険か、わかってるんですか」

「ブロアさん」とミス・ブレント。「わたしは十分気をつけています。大丈夫ですよ」

「ロジャーズを見ましたか?」ブレアが訊いた。

ミス・ブレントは驚いた顔をした。

「いいえ。どうしてそんなことを?」

そのとき、ダイニングルームから悲鳴があがった。みんなが開いたドアに駆けよると、ヴェラがテーブルを指差していた。

「兵隊が!」ヴェラが叫ぶ。

テーブルの真ん中には、6つの兵隊しかなかった。

* * *

ほどなくして、ロジャーズが見つかった。彼は物置小屋のそばにいた。台所の火を起こすために斧で薪を割っていたらしい。そして、大きめの斧が小屋に立てかけられており、その刃の片面が血まみれになっていた。ロジャーズは地面に倒れ、後頭部に深い傷があった。

みんなはショックを受けて、その光景を見つめた。すると、ヴェラが突然笑いだした。

「島ではハチを飼ってるの?」と、笑いの発作の合間に訊く。

他の者たちは顔を見合わせた。自分たちの目の前で、ヴェラが狂っていく。

「そんな目で見ないで!」ヴェラは叫んだ。「狂ってなんかいないわ。ほら、部屋にかかってるあの詩よ! 毎日見てるじゃないの!」

ヴェラはまた笑いだし、詩を思い出しながら言った。「『7人の小さな兵隊さんが薪を割っていたよ。6人の小さな兵隊さんがハチの巣で遊んでいたよ』ほらね? この島にハチの巣はあるの?」そしてまた、げらげらと笑いだした。

アームストロング医師がつかつかと近づき、片手を振りあげてヴェラの頬をぶった。すると、彼女ははっと息をのんで、頭を振り、しばらくぼんやりと立っていた。

「ありがとうございます……もう大丈夫です」ヴェラはそう言うと、ミス・ブレントのほうに向きなおった。「朝食の用意を手伝っていただけますか?」

* * *

ふたりの女性が台所のほうへ去っていくと、ブロアがロンバードに顔を向けた。

「あのお嬢さんは——正気を失っているようだね」とブロアは言った。

「みんな、ひどいストレスを受けているんだ。身の回りで人が殺されてるんだから

な！　精神が不安定になるのも当然さ」ロンバードが答えた。

「でも、彼女の精神状態が、島に来るまえからおかしいとしたら？　わたしたちは狂人を探してるんじゃないのか？」

「ああ、そうだな……」とロンバード。

「それか、もうひとりの女だ！　彼女は潔癖症で頑固者だ！　感情さえ見せないじゃないか。ああいう年寄り女は、たいてい頭がおかしくなるんだよ。とくに彼女のような信心深い女はね。たぶん自分のことを神の使いか何かだと思いこんで、わたしたちを罰するためにこの島へやってきたんだよ！」

「だけどね、あんただって人殺しかもしれないんだぜ」ロンバードが言った。「あんたは法廷でうその証言をして、その男を刑務所に送ったんだろ？　あんたが死に追いやったわけだ」

「まあ、認めるよ」ブロアは言った。「ランドーは無実だった。しかしね、ギャングの一味に脅されたんだよ。彼に罪を着せるしかなかった。それに、金を出すとも……」

「ここにいるやつは、ひとりも天使じゃないってことか」とロンバード。「これで、みんなの共通点がわかったよ。全員有罪なのに、法律では実際に立証できないんだ。何とも、おもしろいじゃないか……」

＊　＊　＊

朝食が終わると、ウォーグレイヴ判事がみんなに話しかけた。

「今朝の事件について、話し合うべきじゃないかね」と言う。「30分後に客間に集まるとしよう」

誰もが賛成し、ヴェラが皿を片づけだした。エミリー・ブレントも手伝おうと立ちあがったが、思わずすわりこんだ。

「ああ！　なんだか目まいがするわ」

他の者たちは皿洗いを手伝いに台所へ行ったり、ぶらりと出ていったりした。やがて、ミス・ブレントはダイニングルームにひとりきりになった。

そのとたん、彼女はひどい眠気に襲われた。窓から妙な音が聞こえるような気がする。眠い目を窓に向けて、耳をすました。ブーンとうなる羽音。ハチのようだ。

誰かが部屋の中にいる……でも振りむくことも、声をあげることもできない。ああ、とても眠い……。そのとき、ちくりと痛みを感じた——首の横をハチに刺されたわ……。

＊　＊　＊

30分後、他の者たちが客間に集まり、ミス・ブレントを待っていた。

「呼んできましょうか？」ヴェラが訊いた。

「彼女の具合が悪いのなら、われわれがダイニングルームへ行ったほうがいいだろう」ウォーグレイヴ判事が言った。

ダイニングルームへ行くと、ミス・ブレントはまだ椅子にすわっていた。後ろからだと、なんともないように見える。ところが顔を見ると——唇が紫色になり、目が大きく見開いていた。

「死んでいる！」ブロアが叫んだ。

アームストロングが駆けよった。

「ここに跡がある、首の横だ」彼は告げた。「注射の跡だな」

窓の外から羽音が聞こえた。

「見て！」ヴェラが指さして叫んだ。「ハチよ！　わたしが今朝言ったとおりでしょ！」

「いや、ハチに刺されて亡くなったのではないよ。誰かが注射器で毒を注入したんだ」とアームストロング。「おそらく青酸カリだろう。トニー・マーストン君のときと同じだ」

「誰かこの島に注射器を持ってきたかね？」判事が訊いた。

アームストロング医師は気まずそうに黙りこんでから、「持ってきましたよ」と言った。

みんなが騒ぎだし、口々に注射器を見せろと迫った。そこでアームストロング医師は彼らを自分の部屋へ連れていき、かばんの中身をベッドの上に空けてみせた。ところが、注射器はなかったのだ。

* * *

「きっと盗まれたんだ！」アームストロングは叫んだ。

部屋の中が、しんとなった。ようやくウォーグレイヴが口を開いた。

「ここには5人しかいない。その中のひとりが殺人者なのだ。無実の4人を守るために、できるかぎりのことをしなければならん。アームストロング先生、ここにはどんな薬を持ってきたのですかな？」

「わたしの薬剤バッグを調べてみてください」とアームストロング。「睡眠薬とアスピリンだけです——危険なものなどありませんよ！」

「睡眠薬ならわたしも持っている」と判事。「そこで提案だが、危険になり得るものは——ピストルや、これらの薬なども——鍵をかけてしまっておいてはどうかね。全員を調べて、危険になり得るものを取りあげることにしよう」

全員が賛成し、今度はロンバードの部屋へ行った。ロンバードはピストルをしまってあるテーブルに近づいて、引き出しをあけた。そのとたん、目を大きく見開いた。

「ピストルが……ないぞ」

「うそつきめ！」ブロアが怒鳴った。

「本当にここにしまってたさ！　誰かに盗まれたんだ！」ロンバードは怒鳴りかえした。

「落ち着くんだ」ウォーグレイヴが割りこんだ。「あとで探すとしよう。とにかく

いまは、他に危険になりそうなものをすべて集めるんだ」

彼らはそれぞれの部屋に入って隅から隅まで探したが、ピストルや、他に危害を与えそうなものは見つからなかった。

薬を集めて台所へ下りていくと、錠と鍵のついた大きな銀製の箱があった。その箱に薬をぜんぶ入れ、鍵をかけた。

「誰が鍵を持っておくんです?」ブロアが尋ねた。

「このクローゼットには鍵がかかるのだよ」ウォーグレイヴはそう言うと、箱をクローゼットに入れて、扉に鍵をかけた。それから、箱の鍵をロンバードに、クローゼットの鍵をブロアに渡した。

「きみたちふたりは、この中でいちばん強いからね」と言う。「どちらかが相手から鍵を奪うのは難しいはずだ。もちろん、われわれ残りの者には無理だろう」

「考えてたんですけどね」アームストロング医師が言った。「ピストルがどこにあるかはさっぱりわからないが、注射器のある場所なら見当がつきますよ」彼は外へ出て、家の周囲をまわった。するとダイニングルームの窓の近くで、注射器と、6個目の兵隊の人形が見つかった。

「なるほど」とブロア。「ミス・ブレントを殺したあと、犯人は注射器と人形を窓から投げ捨てたんだな」

「もう一度ピストルを探したほうがいいわ」ヴェラが言った。

彼らは家中をくまなく調べたが、無駄だった。ピストルは見つからないままだ。

第11章 (英文 ☞ p.120)

5人は客間にすわり、たがいに疑いの目で見つめあっていた。それでも身を守るためには、おたがいが必要だ。そこで、何をするにも団体行動をとることにした。みんなから離れられるのは、いっときにひとりずつ。他の4人は、5人目が戻るまでいっしょに待つのである。

ふたたび雨が強くなってきた。

「天気がよくなったら、たき火をたくなり、村に合図するなりして、なんとかボートを呼べるさ」ロンバードが言った。

昼食は、台所のクローゼットから缶詰の食料を出して、みんなでいっしょにすませたが、むっつりと黙ったままの食事だった。それぞれの頭の中では、おそろしい考えが駆けめぐっていた。

(きっとアームストロングよ……ついさっきも、わたしを見ていたもの……もしかしたら、お医者さまなんかじゃなくて、精神病院から逃げてきた狂人かもしれないわ!)

（おれはやられないぞ。身を守るすべを知ってるんだからな！　だけど、おれのピストルはいったいどこにあるんだ？　誰かが知ってるはずだぞ……）

（みんな狂ってしまうだろう……死ぬのが怖いからだ。わたしも死ぬのは怖い。でも、死が近づくのを止めることはできないのだ……。あの娘か。そうだ、あの娘を見張ろう……）

（まだ4時20分前か！　時間が止まったのか？　ああ、まったく、気が変になりそうだ。頭の中で何かが起こっている……）

（落ち着かねば……落ち着かねばならん。すべて計画ずみだ。しかし、誰が？　そうだな……そう、彼だ）

時計が5時を打ったとき、全員が飛びあがった。いつのまにか部屋が暗くなっている。ロンバードが立ちあがって電灯のスイッチを入れたが、つかなかった。

「ああ、そうか！」彼は言った。「今日は発電機が動いてないんだ。ロジャーズがつけてないからな。みんなで外へ出て、発電機を動かそう」

「たしか、台所にろうそくがあったはずだ」ウォーグレイヴが言った。「あれを使うほうがいいだろう」

「じゃあ、おれが取ってくる」ロンバードは台所へ行き、ろうそくの箱を持って戻ってきた。ろうそくを灯して部屋中に置くと、彼らはまたすわりつづけた。

6時頃になると、ヴェラはもうすわっていられなくなった。ろうそくを1本手に取り、自分の部屋へ行って冷たい水で顔を洗いたいと言った。そして4人の男たちを客間に残し、2階へ上がっていった。自分の部屋のドアをあけると、鼻をつく奇妙なにおいがした。ああ、これは、海のにおいだわ！

「島まで泳いでいい、クレイソーン先生？　どうして島まで泳いじゃだめなの？」

うっとうしい、めそめそしてばかりのおちびさん！

ヒューゴーがわたしをじっと見つめている……。

ヴェラは海のにおいをかぎながら、一歩前に踏みだした。すると、冷たく濡れた手が彼女の顔にふれた。ヴェラは悲鳴をあげた。ひたすら叫びつづけた。

*　*　*

ヴェラには男たちが彼女の部屋へ駆け上がる音は聞こえなかった。階段を駆け上がりながら名前を呼ぶ声も、耳に入らない。戸口にろうそくの火が見えたとき、ようやくヴェラは正気を取りもどした。

「大丈夫ですか？」男たちが訊いた。

「ああ、あんまりよ、あれを見て！」

天井の黒いフックからぶらさがっているのは、長くて幅の広い帯状の海草だった。

顔にふれたのは、ただの海草だったのね！　シリル・ハミルトンの冷たい死体の手だと思ったのに！　ヴェラは狂ったように、けたたましく笑った。

「ただの海草！　ただの海草よ！」何度も何度もそう言う。

「何か飲ませるしかないな」とロンバード。「ブランデーを取ってこよう」

ロンバードがブランデーを持って戻ってきたので、ヴェラは一口飲んだ。少し気分が落ち着いてくる。すると、部屋に男が3人しかいないことに気がついた。

「判事さんはどこなの?」ヴェラは訊いた。

男たちは顔を見合わせた。

「おかしいな……いっしょに上がってきたと思うのに」

「わたしのすぐ後ろにいたと思うが」とアームストロング。「もちろん、わたしたちより足が遅いだろう。なにしろ年だからね」

みんなで階段を下り、アームストロングが呼びかけた。「ウォーグレイヴさん、どこですか?」

返事がない。聞こえるのは、嵐の音だけだ。

客間まで来ると、ウォーグレイヴが椅子にすわっているのが見えた。灰色のかつらと赤いローブのようなものを身につけている。アームストロングは他の者たちを手で制して、判事に近づいていった。

判事の頭からかつらを持ちあげる。そのすぐ下の額の真ん中に、丸くて赤い跡があった。

「撃たれている!」アームストロングは言った。

「なんてことだ! あのピストルだな!」ブロアが叫んだ。

ヴェラが入っていき、床からかつらを拾いあげた。

「ブレントさんの灰色の毛糸よ……」

「それに浴室の赤いカーテンだ!」ブロアが声をあげる。「このために盗ったんだな!」

すると突然、フィリップ・ロンバードが声高に笑いだし、叫んだ。「『5人の小さな兵隊さんが法律を学んでいたよ。1人が大法院に入って、4人になった』というわけさ!」

第12章 （英文 ☞ p.126）

みんなはウォーグレイヴ判事をベッドに運んでから、ホールに集まった。どうしたらいいのか、もうわからなかった。

「これで4人だけになった……」ブロアが言った。「次は誰だろう?」

「どうしてこんなことになったんだ?」とアームストロング。

「まったく、うまいやり方だぜ!」ロンバードが急に大声を出した。「クレイソーンさんの部屋に海草をぶらさげたのは、おれたちの気をそらすためだったんだ! みんな、彼女が殺されたと思って、2階へ走っていった。そして大騒ぎしているあいだ

に、誰かがあのじいさんを殺したのさ！」

「どうして誰も銃声に気づかなかったんだろう？」

「クレイソーンさんが悲鳴をあげていたし、外は嵐だ。おれたちも走りまわったり、怒鳴ったりしてたじゃないか」とロンバード。

彼らは黙りこみ、新たな疑惑を抱いて、おたがいを見つめあった。

「わたし、もう寝るわ」ヴェラが言った。

「おれもだ」とロンバード。

4人は2階へ上がって寝室に入り、みなドアを閉めて鍵をかけた。そして4人とも、まんじりともせず夜をすごした。

＊　＊　＊

ロンバードは服を脱いで寝ようとした。でも、ピストルがなくて不安だった。テーブルへ近寄り、もう一度引き出しをあけてみる。驚いて口をぽかんとあけた。ピストルがあるではないか。誰かが盗んで……それから戻したのだ！

＊　＊　＊

ブロアは眠れないまま、ベッドに横になっていた。すると、ドアの外で何か聞こえたような気がした。ぱっと起きあがり、静かにドアに近づいて耳をそばだてる。かなりのあいだ耳をすましてみた。だが、もう何も聞こえてこない。

「ただの思い過ごしかな？」そう思ったとき、ふたたび音がした。足音が近づいてくる。廊下の向こう、他の者の部屋があるほうから。足音はブロアの部屋の前を通りすぎて、階段を下りていく。ふいに、こんなにはっきりと音が聞こえる理由がわかった。嵐がやんだのだ。

ブロアは重いランプをつかむと、ドアをあけ、音も立てずに廊下に出た。階段を下りていくと、玄関から出ていく人影が見えた。そのとき、ふと思った。これは、わたしを外へおびきだすためのわなじゃないのか？　でも犯人はミスを犯したぞ。上にある他の3つの部屋のうち、ひとつには誰もいないはずだ！　見にいけばいいだけだ！

ブロアはすばやく2階の廊下に戻った。そしてアームストロングの部屋をそっとノックした。返事がない。それからロンバードの部屋へ行き、ノックした。

「誰だ？」

「ブロアだ。アームストロングが部屋にいないようだ。ちょっと待っててくれ」

つぎにヴェラの部屋へ行き、ノックする。

「どなた？」ヴェラのおびえた声がした。

「大丈夫だよ」とブロア。「アームストロングが犯人のようなんだ。ロンバードとわたしがいっしょに来るまで、けっしてドアをあけないように。いいね？」

「はい」と返事が聞こえる。

ブロアは急いでロンバードの部屋へ戻り、手早く状況を説明した。

ロンバードの目が光った。

「じゃあ、犯人は先生なのか？」そう言うと、ロンバードはアームストロングの部屋へ行き、自分でノックしてみた。やはり、返事がない。

「ハハ！ これでゲームは終わりだ！ やつを捕まえようぜ！」と言う。「ほら、これが返ってきたしな！」ロンバードはブロアにピストルを見せた。

「きみは、それをずっと持ってたんだな！」ブロアが叫んだ。新たな恐怖が目に浮かぶ。

「このピストルは今日の午後なくなって、夜に戻ってきたんだ。誓ってもいい。なんで返したのかわからんが、これがあれば、おれたちのほうが有利だ」とロンバード。「あんたが来ないなら、おれひとりでアームストロングを探しにいくぜ」そう言うと、ロンバードは階段を駆けおり、夜の中へ出ていった。しばらくして、ブロアも後を追った。

＊　＊　＊

長い時間が過ぎたように感じる。ヴェラは、ふたたび家の中で足音を耳にした。家中を歩きまわっている——1階、2階、そして屋根裏まで。それから、部屋の前で声が聞こえた。ロンバードとブロアだ。

「ヴェラ！ いるかい？」

「ええ。何があったの？」

「中に入れてくれ」

ヴェラはドアに近づき、用心しながらあけた。ふたりの男が、けげんそうな表情をして立っている。

「アームストロングが消えたんだ！」ロンバードが言った。

「なんですって！」ヴェラは声をあげた。

「あらゆるところを調べたが」とブロア。「この島にはもう隠れるところがない」

「じゃあ、きっと家に戻ってきたんだわ！」とヴェラ。

「それも見たが」とブロア。「ここにもいないんだよ」

「本当さ」ロンバードが言った。「それに、もうひとつ。テーブルの小さな兵隊が3つしかないんだ」

第13章 （英文 ☞ p.132）

翌朝、3人は黙々と朝食をとっていた。

「やっと晴れたな」ロンバードが口を開いた。「外に出て、鏡を反射させて信号を送ろう。誰かが気づいて、ボートを寄こしてくれるかもしれない」

「天気はよくなったが、まだ海が荒れているからね」とブロアが言った。「明日までボートを寄こすことはできないだろう。でも、もっと大事なことがあるよ。アー

ムストロングは、いったいどうしたんだろう？」

「わからないの？」ヴェラが口を挟んだ。「『4人の小さな兵隊さんが海に出ていたよ。1人が燻製のニシンにのまれて、3人になった』ほら、『燻製のニシン*』よ！　自分が殺されたと思わせるために、兵隊の人形を捨てたのよ。アームストロングはまだ島にいる。外にいて、わたしたちを殺そうとしているんだわ！」

「きみの言うとおりかもしれないな」ロンバードが考えながら言った。

「それじゃあ自分から正体をばらすようなものじゃないかな？」とブロア。「わからないように詩を変えておくのがふつうだろう」

「でも、あの人は狂ってるのよ！」ヴェラは大声をあげる。「トニー・マーストンはのどをつまらせて、ミセス・ロジャーズは寝すごして、ロジャーズは薪を割ってて、そして窓にはハチがいて——何もかも気がいじみてるじゃない！　すべて、あの童謡のとおりじゃないといけないのよ！」

「だったら、動物園の節についてはどうだい？『1人が大きなクマに抱きしめられて、2人になった』というけど、島に動物園はないよ」とブロア。

「わたしたちが動物園なのよ！」ヴェラは叫んだ。「恐怖で頭がおかしくなって、もう人間とはいえないわ！」

＊　＊　＊

彼らは午前中崖の上に立ち、交替で鏡を太陽に向けて、SOSの信号を送った。2時過ぎになると、ブロアが何か食べたいと言いだした。

「昼食にしよう。なんだか力が出ない。腹がへったよ」

「わたしはもうあの家には戻らないわよ」ヴェラが言った。「屋外にいるわ。ここなら誰が近づいてきても見えるから」

ロンバードもヴェラと残ると言ったので、ブロアはひとりで家に向かった。

「ひとりで中に入るのは危険じゃないかしら？」ヴェラが訊いた。

「ブロアが自分で決めたんだ」とロンバード。「それに、彼はアームストロングの倍ほど体が大きいからな。きっとやり返せるさ」

ふたりは静かにすわって、しばらく海を見つめていた。すると突然、遠くで叫び声がした。

「あれは何？」

「助けを求めてるようだったぞ」ロンバードはそう言うと、ポケットにピストルがあるのを確かめながら立ちあがった。ふたりは家へ戻り、まわりを歩いてみた。そして家の東側で、ブロアを発見した。うつぶせに倒れ、白い大理石の大きな塊で頭をつぶされている。ロンバードは見あげた。

＊燻製のニシン：人の注意をそらすもの。猟犬を訓練するため、キツネの通り道に燻製のニシンを置き、キツネのにおいを消したことから生まれた言葉。

「すぐ上にあるのは、誰の部屋の窓だ？」と訊く。

震えながら、ささやくようにヴェラが言った。「わたしのよ。あれは、棚にあった大理石の時計だわ。クマのような形をしていた……」

「これで決まりだな」とロンバード。「アームストロングは家のどこかにいるんだ。おれが捕まえてやる」

「入っちゃだめ！」ヴェラは声をあげた。「彼の思うつぼよ！」

「じゃあ、どうするんだ？」

「外で待つのよ。そのうち誰かが来てくれるわ」

「わかったよ。だけど夜がきても、眠っちゃいけないぜ」とロンバード。「それまで、島のいちばん高いところまで行って見張ることにしよう」

ふたりは頂上まで歩いていくと、そこに立って無言のまま周囲を見まわした。ふだんの暮らしが遠くに、まるではるかな夢のように感じられる。すると、ロンバードが海のほうを指さした。

「あれはなんだろう？」と言う。「見えるかい？　あの大きな岩のそばだよ。浜辺の近くだ。誰かが泳いでいるのかな？」

「見にいきましょう！」ヴェラは叫んだ。

ふたりが海岸に着くと、それは人だとわかった。だが、泳いでいるのではなかった。かがんでよく見ると、紫色に変色した顔が見えた。

ロンバードが大声で叫んだ。

「アームストロングだ！」

ゆっくりと、ロンバードとヴェラは顔を向けあい、たがいの目をのぞきこんだ。

第14章 （英文 ☞ p.136）

「なるほど、そういうことか」ロンバードが言った。

ヴェラは何も答えない。

「これで終わりだ、ヴェラ」

ヴェラはただ、海に浮かぶ遺体を見つめている。

「かわいそうなアームストロング先生……」彼女は言った。

「へえ、いまになって、かわいそうだと思うのかい？」ロンバードは冷酷な笑みを浮かべた。

「だって、そうでしょ？」ヴェラは言い返した。「家まで運んであげなきゃ」

「そのままにしとけばいいさ」とロンバード。

「せめて水から出して、波にさらわれないようにしてあげるべきよ」ヴェラは奇妙なほど落ち着いている。「手伝ってちょうだい」

「まあ、そうしたいんならね」ロンバードは冷ややかに笑いながらそう言うと、かがんで遺体を引きずりはじめた。ヴェラも彼に寄りかかるようにして手伝った。ようやく、ふたりは遺体を水中から砂浜の上まで引きあげた。

「これで満足かい？」ロンバードが体を起こしながら訊いた。

「ええ、すっかりね」ヴェラの声の何かに、ロンバードは危険を感じた。あわてて振りかえる。ピストルを取ろうとポケットに手をのばしたが、からっぽだった。

ヴェラはピストルを彼に向けていた。

「だから遺体を水から引きあげようなんて言ったのか！ おれからピストルを盗むためだったんだな！」

ヴェラはうなずいた。

ロンバードはすばやく考えを巡らせた。なんとかしなくては！ まだ負けたわけじゃないぞ！

「ねえ、お嬢さん」と穏やかな声を出す。「そのピストルを返してくれよ」そして、いきなりヴェラに飛びかかった。ヴェラがとっさに引き金を引く。ロンバードは砂浜の上にドサリと倒れ、その場で息絶えた。

ヴェラはそこに立ったまま、身じろぎもしなかった。自分がしたことにショックを受けていた。そう、ショックだわ、だけど、なんて幸せなの！ とうとうやったわ！ わたしは生きのびたのよ。島でひとりきり……。もう何も怖がらなくていい……。

＊　＊　＊

日が沈みかけた頃、ヴェラはやっと動きだした。おなかがすいたし、とても眠い。明日になれば、たぶん村から誰かが来て、自分を見つけてくれるだろう。でも今夜は、ようやく安心して眠れるのだ。

ヴェラは家へ戻っていった。ダイニングルームに立ちよって、テーブルを見る。小さな兵隊の人形が3つあった。

「あなたたち、遅れてるわよ！」彼女は笑った。ふたつの兵隊をつかんで、窓の外へ投げ捨てる。最後のひとつを取りあげると、「あなたはいっしょにいらっしゃい。わたしたちは勝ったのよ！」と言った。

彼女はゆっくりと階段を上がっていった。足が重いし、とてつもなく疲れていた。手からピストルがすべり落ちたことさえ、気づかなかった。

「詩の最後の節は、どんなだったかしら？」彼女は考えた。「『1人の小さな兵隊さんがひとりぽっちになったよ』……」

ヴェラはのろのろと階段をのぼりつづけた。なんとなく、家の中に誰かがいるような気がする。

「ヒューゴー」ふと、そう思う。「ヒューゴー、あなたなの？」

ようやく自分の部屋だ。彼女は中に入り、そこにあるものを見て、眠い目を大きく見開いた。

輪になったロープが、天井のフックからぶらさがっているのだ。その下には、踏み台にする椅子まで置かれている。

「これが、ヒューゴーの望みなのね……」と思う。「最後の節はたしか……『自分で首をくくって、そして誰もいなくなった』」

ヴェラはゆっくりと、まるでロボットのように椅子に近づいて、その上にのぼった。兵隊の人形が手からすべり落ちる。ヴェラは輪を自分の首にかけた。そして、椅子をけった。

漁船〈エマ・ジェイン号〉の船長が発見した文書 （英文 ☞ p.140）

わたしは幼少の頃から、自分がふつうではないことに気づいていた。生まれつき豊かな想像力と、生きものを傷つけたり殺したりしたいという強い欲望があった。しかし、この欲望とともに、強い正義感も持っていた。無実の人間や生きものに危害を加えることには嫌悪を覚えた。おそらくそれが、法律の世界に入った理由だろう。

判事として、犯罪者が法廷で苦しむのを見るのが好きだった。だが後年になると、さらに欲が強くなってきた。判決を下すだけでは物足りない——欲望に従って行動したい。自分で殺人を犯してみたい。それも、ふつうの殺人ではだめだ。奇想天外で、すばらしいものでなければ！　わたしは自分の想像力を解き放ちたかったのだ。

しかしどうやって？　いい考えが浮かんだのは、ふだんの会話を通してだった。友人の医師と話していたとき、法律の手の及ばない殺人がたくさんあるにちがいないと、彼が言ったのだ。例として、ひとりの老婦人の死について話してくれた。彼女はふたりの使用人——ロジャーズ夫妻——に、必要な薬を与えられずに殺されたのではないかと彼は疑っていた。老婦人の死によって、夫妻は多額の遺産を手に入れた。このようなことは証明のしようがないが、しょっちゅうあるにちがいないと友人は語った。

こうして、すべてが始まった。一瞬にして、わたしの獲物になるべき者がわかったのだ。それは、法律の手の及ばない犯罪者たちだ。そしてある童謡が頭の中に浮かんできた——10人の小さな兵隊がひとりずつ消えていくという、あの童謡。わたしは密かに自分の獲物を探しはじめた。

その探索のため、人に会うたびに、似たような一連の会話で訊きだそうとした。結果は驚くべきものだった。病気のとき世話になった看護師から、アームストロング医師の事件を知った。彼は酒に酔って手術をし、女性を死なせたのだ。ふたりの軍人とクラブで話したときには、マッカーサー将軍の話を聞いた。フィリップ・ロンバードのことは、アマゾンから戻ったばかりの男から聞かされた。また、あるとこ

ろで出会った中年の既婚女性は、エミリー・ブレントと小間使いの娘の話をわたし
に語った。アンソニー・マーストンは、同じような罪を犯した大勢の中から選んだ。
ブロアについての情報は、仕事上の友人たちからだった——弁護士たちがランドー事
件について思うところを率直に話してくれたのだ。

　最後に、ヴェラ・クレイソーンの件があった。それは大西洋を横断していたとき
のことだ。夜遅くに船の喫煙室で、ヒューゴー・ハミルトンという青年とふたりき
りになった。

　彼は不幸な男で、その不幸を忘れるために酒を飲んでいた。わたしがいつもの会
話を試してみると、驚いたことに、信じられないような話を聞くことができたのだ。

　「そのとおりですよ」彼は言った。「殺人は、多くの人が考えてるようなもんじゃ
ない。ぼくは実際、殺人犯を知っています。それどころか、その人を愛していたん
ですよ！　きっと、ぼくのためにやったんだ！　そんなことをするなんて、夢にも思
わなかった……。小さな男の子を海へ連れだして、溺れさせるなんて！」

　「たしかにその女がやったのかね？」わたしは尋ねた。

　「そうです。目を合わせた瞬間、わかりました。でも、ぼくがその子を愛していた
ことに、彼女は気づかなかったんだ……」

　10人目の獲物として見いだしたのはモリスだった。まぎれもない悪党だ。おもに
麻薬の売買をしていた。以前、ある娘をわざと中毒にしたことがあり、その娘はつ
いに自殺してしまった。

　わたしは年老いており、もうそれほど長くは生きられないとわかっている。だか
ら、計画を実行に移すことにした。まず、モリスを通して兵隊島を買った。わたし
の身元を隠すことなど、モリスにとってはわけないことだ。それから、わたしの「小
さな兵隊」たちについて集めた情報を調べて、それぞれにぴったりの餌をこしらえ
た。すると誰もがその餌に食いついた。わたしも含めて、全員が8月8日に兵隊島に
やってきたのだ。

　モリスのほうは、すでに始末しておいた。彼は胃の具合が悪かったので、わたし
はロンドンをたつ前夜に、自分の胃には驚くほどよく効いたと言って、薬を与えた
のだ。彼はその薬を飲んで息絶えた。

　わたしは島での死の順番を慎重に計画した。もっとも罪の軽い者が、いちばんに
死ぬ。より罪深い者が耐えねばならない恐怖や精神的ストレスを受けずにすむよう
にだ。アンソニー・マーストンと、ミセス・ロジャーズが最初に死んだ。マース
トンは生まれながらに、道徳や善悪について考える力が欠けていた。彼のしたことに
は邪悪さがない。純粋に無知によるものだ。ミセス・ロジャーズは、夫にそそのか
されてやったにちがいない。

　マーストンのグラスに青酸カリを入れるのは簡単だった。ミセス・ロジャーズに
ついては、ロジャーズが彼女のブランデーのグラスをテーブルに置いたときに、致

193

死量の睡眠薬をそっと入れたのだ。マッカーサー将軍は、じつに静かに最期を迎えた。わたしが背後から近づくのも聞こえなかっただろう。テラスを離れる時間を慎重に選ばねばならなかったが、すべてはうまくいった。

予想どおり、3人の死によって島の捜索が行われ、島にはわれわれ以外に誰もいないことがはっきりした。このことが、おたがいのあいだに疑惑をもたらした。協力者を求める計画だったので、わたしはアームストロング医師を選んだ。以前からわたしのことを知っていたからだ。彼はロンバードを疑っていたので、わたしも賛成だと言った。そして作戦があるともちかけ、これで犯人の正体を暴けるかもしれないと説得した。

10日の朝に、ロジャーズを殺した。彼は薪を割っていたので、背後にいるわたしに気づかなかった。ロジャーズの遺体を発見したあとの混乱の中で、ロンバードの部屋へ忍びこんでピストルを盗みだした。彼がピストルを持っていることはわかっていた。ロンバードにピストルを持ってこさせるようにと、わたしがモリスに言ったからだ。

朝食中、ミス・ブレントのカップにコーヒーをついでいるときに、残っていた睡眠薬をこっそり入れた。みなで彼女をダイニングルームに残したが、わたしは数分後に戻っていった。彼女はひどく眠そうだったので、残っていた青酸カリを注射するのはたやすかった。窓にハチを放したのは子どもじみたまねだが、できるだけ詩の内容に近づけることができて、わたしは満足だった。

このあと、わたしは家を捜索するよう提案した。ピストルは安全な場所に隠してあった——台所に山積みされた缶詰の下にあるビスケットの缶の中だ。そのときアームストロングに、作戦を実行しようと言ったのだ。その作戦とは、以下のようなものだ。まず、わたしを次の犠牲者のように見せかける。わたしが死んだことにすれば、自由に家を動きまわって、アンノウンという謎の殺人者を探しだすことができるだろう。

アームストロングはこの思いつきが気に入ったようだ。さっそくその夜に実行し、じつにうまくいった。ミス・クレイソーンは、わたしが彼女の部屋にぶらさげた海草を見るなり、悲鳴をあげはじめた。男たちがみな階段を駆けあがると、わたしは客間に残って判事の格好をし、額に赤い泥を少し塗りつけた。医師が自分の役をうまく演じてくれたので、みなはわたしが死んだと信じこんで、わたしを部屋に運んだ。これで、もう誰もわたしのことは気にかけなくなった。みな、おたがいをひどく恐れていたからだ。

アームストロングとは、その夜の2時15分前に、外で会う手はずになっていた。わたしは彼を崖のふちへ連れていった。そこからなら家を見張れるからと言ったのだ。彼はわたしのことを少しも疑わなかった。

それから、わたしは崖をのぞきこんで、こう叫んだ。「あれは洞窟かな？　ほら、あ

そこだよ！」アームストロングが身を乗りだしたので、わたしは彼を崖のふちから海へ突きとばした。彼はもっと分別を持つべきだった——童謡の次の節は「燻製のニシンに飲まれて……」だったではないか。まさに彼も燻製のニシンにだまされたのだ。

わたしは家に戻った。ブロアが耳にしたのは、その足音だったにちがいない。数分後、わたしはふたたび部屋を出て、誰かが聞きつけて後を追うように、わざと音をたてて歩いた。家に沿って歩くと、先にあけておいたダイニングルームの窓によじのぼり、また中へ入った。すぐに自分の部屋へ戻り、ベッドの中で死人のふりをした。予想どおり、彼らはふたたび家の中を捜索しだした。

翌日は、もっとも興奮を感じる一日だった。3人はおたがいを非常に恐れているので、何が起きてもおかしくない。しかも、ひとりはピストルを持っているのだ！　わたしは家の窓から彼らを見張っていた。ブロアがひとりでこちらへやってきたので、大きなクマを用意した。クマをブロアの上に落とすと、それが彼の最期になった。

部屋の窓から、ヴェラ・クレイソーンがロンバードを撃つのが見えた。ヴェラが撃ってすぐに、わたしは彼女の部屋に首つり用の輪をぶらさげた。そのあとは、興味深い心理学の実験だった。1週間の絶え間ない恐怖と、男を撃ち殺した罪の意識、そしてシリルを殺した罪悪感が合わされば、彼女は正気を失って自殺するだろうか？　するだろうと、わたしは思った。そして、そのとおりになった。ヴェラ・クレイソーンは、クローゼットの陰に隠れるわたしの目の前で首をつったのだ。

では、これからどうするのか？　この手紙を書きおえたら、瓶に入れて海へ投げこむつもりだ。なぜか？　わたしがこのすべてを成し遂げたということを、誰かに知ってもらいたいからだ。自分の頭のよさを人々に認めてもらいたいという、あの人間らしい願望が、わたしにもあるのだろう。

瓶を海に投げいれたら、ピストルを手にとる。ヴェラが部屋へ行くときに階段で落としたものだ。眼鏡に取りつけた黒いゴムひもを、ピストルにゆるく結びつける。このひもをドアノブに巻きつけておき、ベッドで眼鏡の上に横になる。ピストルについたヴェラの指紋が消えないように、布で覆ってピストルを持ち、自分の頭を撃ちぬく。そうすると手がずり落ちて、ピストルを離す。そこでゴムひもが縮んでピストルを引っぱり、ピストルはドアにぶつかって床に落ちる。他の誰かがわたしを撃ったかのように、ピストルはそこに残りつづける。

海の波が静まれば、ボートがやってきて、われわれの遺体を発見するだろう。こうして、わたしの兵隊島の謎が完成するのだ。

　　署名
　　　ローレンス・ウォーグレイヴ

本書を読み解くための重要英文法

　さまざまな文法項目のうち、本書の中で特に頻出している重要文法事項を、以下に整理します（順不同）。

●分詞構文

　現在分詞（-ing）や過去分詞（-ed）が接続詞の役割を果たしている副詞句のことを、分詞構文と呼ぶ。

- ・Sitting on the train, Mr. Blore was making a list in his notebook. (列車内に座ったまま、ブロア氏は手帳にリストを書き付けていた)
  - ➡ 「〜しながら、〜したまま」の意味の付帯状況を表している。

- ・The judge raised his hand, silencing everyone again. (判事は片手を挙げて、皆を再び黙らせた)
  - ➡ 「そして〜する」の意味の結果を表している。

- ・He gasped for breath, then slid from his chair, his glass falling from his hand. (彼はあえぎ、次に椅子から滑り落ち、そして彼のグラスが彼の手から落ちた)
  - ➡ 結果を表しており、主節と異なる主語his glassが明示されている。

- ・General Macarthur turned around, surprised that someone was there with him. (マッカーサー将軍は、誰かがそばにいることに驚いて振り返った)
  - ➡ being surprisedのbeingが省略されている。

●to不定詞

　To不定詞には、名詞用法、形容詞用法、副詞用法の3つがある。特に副詞用法には、目的・結果・理由など多くの意味があるので、前後関係や文脈に応じて意味を見極めることが重要になる。

- ・Isn't it dangerous to go in there alone? (あそこへ1人で行くのは危険ではないのか？)
  - ➡ 名詞用法のto不定詞で、形式主語itによって代表され、文の主語になっている。

- ・Was this a trap to lure him out of the house? (これは、彼を家の外へおびき出そうとするわなだったのか？)
  - ➡ 形容詞用法のto不定詞で、直前のa trapを修飾している。

- ・Everyone rushed to the open door to see Vera pointing at the table. (皆が開いたドアに駆け寄ると、ヴェラがテーブルを指差しているのが見えた)
  - ➡ 副詞的法のto不定詞で、結果を表している。

- Armstrong is still on the island, and he's out to get us! (アームストロングはま
  だ島にいて、私たちを捕まえるために外にいる！)
  ➡ 副詞用法の to 不定詞で、目的を表している。

●関係詞

関係詞には関係代名詞と関係副詞があり、それぞれに制限用法（限定用法）と非制限
用法という2つの使い方がある。特に非制限用法の理解が、文章理解の鍵となりやすい。

- They had no choice but to search the island for the madman who was
  killing off their party. (彼らには島を捜索して、自分たちを殺そうとしている狂人を見
  つけ出すしか選択肢がなかった)
  ➡ 関係代名詞 who の制限用法。who 以下の節が先行詞 the madman を限定的に
    修飾している。
- We'll take you to the boat, which will take you to the island. (私たちが皆さん
  をボートへご案内し、そのボートが島までお連れします)
  ➡ 関係代名詞 which の非制限用法。which 以下の節が前の節全体に情報を付け
    加えている。
- The cars brought them to a dock, where a man was waiting. (車が彼らを桟橋
  へ運ぶと、そこには男が待っていた)
  ➡ 関係副詞 when の非制限用法。when 以下の節が先行詞 a dock に情報を付け加
    えている。

●仮定法

主に、現在または過去の事実に反する仮定や、過去・現在・未来に関する実現可能
性の低い想像を表す文の形。文の V（述語動詞）の部分が過去形・過去完了形になり、
if などで始まる「条件節」と、結論を表す「帰結節」で構成されることが多いが、どちら
か一方のみで表されることも少なくない。

- He knows Tony Marston's friend Badger and what kind of message he
  would send. (彼はトニー・マーストンの友人バジャーのことや、彼ならどんなメッセ
  ージを送りそうかを知っている)
  ➡ 仮定法過去。現在の実際の状況に反する仮定、または可能性の低い事実に関
    する想像。
- "I wish we had a gun," said Blore. (「拳銃があればいいのだが」とブロアは言った)
  ➡ 仮定法過去。現在の事実に反する仮定。
- If Cyril had been a girl, I would have inherited all the family money. (もしも
  シリルが女の子だったら、僕が家族の全財産を相続することになっただろうが)
  ➡ 仮定法過去完了。過去の事実に反する仮定。

· If she **had behaved** like a decent woman, none of it **would have happened**.
（もし彼女が、しかるべき女性として振る舞っていたなら、そうしたことはいっさい起きなかっただろうに）
　　➡ 仮定法過去完了。過去の事実に反する仮定。

●動名詞と意味上の主語

　動名詞は動詞の -ing 形の一つで、文中で名詞として機能する。動詞の性質を残しているので、文意を明確にするために、その主語が明示されることがある。明示された主語は「動名詞の意味上の主語」と呼ばれる。

· A childish poem came to my head—the one about **the ten soldier boys disappearing** one by one.（ある童謡が頭の中に浮かんできた——10人の子どもの兵隊が１人ずつ消えるというものだ）
　　➡ the ten soldier boys が動名詞 disappearing の意味上の主語。

· She remembered **Hugo holding** her.（ヒューゴーが彼女を抱いたことを思い出した）
　　➡ Hugo が動名詞 holding (her) の意味上の主語。

●「There is 構文」の特別用法

　「There is 構文」では、通例、is に続く部分（文の事実上の主語）に不特定の人や事物を表す名詞が置かれるが、分かっているはずの事物・人物の存在を思い出させたり気づかせたりするために、あえて特定の情報が置かれる場合がある。

· Then, of course, there's **me**.（それからもちろん、私がいる）
　　➡ me という特定の人物を指す人称代名詞。

· Finally, there was **the case of Vera Claythorne**.（最後に、ヴェラ・クレイソーンの件があった）
　　➡ the case (of Vera Claythorne) という、定冠詞 the の付いた特定の事柄を指す名詞。

●知覚動詞の構文

　feel、hear、look (at)、see といった知覚動詞は、「知覚動詞＋目的語＋原形（不定詞）／現在分詞／過去分詞」の形を取って用いられることが多い。この場合の原形（不定詞）／現在分詞／過去分詞は、知覚動詞の目的格補語。

· I loved to **see criminals suffer** in court.（私は犯罪者たちが法廷で苦しむのを見るのが大好きだった）
　　➡「see ＋目的語＋原形（不定詞）」の形。

・Vera **felt herself trembling**.（ヴェラは自分が震えているのを感じた）
　　➡「feel ＋目的語＋現在分詞」の形。

・I think it was true and the shock of **hearing it spoken** out loud broke her.
（それが事実だったから、言葉に出されるのを聞いたショックで彼女は死んだのだと思う）
　　➡「hear ＋目的語＋過去分詞」の形。

●接触動詞の構文

　hit、pat、pull、push、slap、touch といった動詞は、その意味から「接触動詞」と呼ばれることがある。これらは「接触動詞＋人＋前置詞＋（the ＋）体の部位」の形で使われることが多い。

・General Macarthur **patted her on the shoulder**.（マッカーサー将軍は、彼女の肩をたたいた）
　　➡pat は「〜を軽くたたく」の意味の接触動詞。

・Dr. Armstrong went to the girl, raised his hand, and **hit her across the cheek**.（アームストロング医師はその女性のところへ行き、手を振り上げると彼女の横っ面をひっぱたいた）
　　➡hit は「〜を打つ、〜をたたく、〜を殴る」の意味の接触動詞。

・**Macarthur was hit in the back of the head** with a hard object.（マッカーサーは後頭部を硬いもので殴られた）
　　➡「接触動詞＋人＋前置詞＋体の部位」の形が受動態で用いられた例。

●倒置

　場所・状態を表す語句や否定語などを強調するために文頭に置き、結果として文中の語順が倒置されることがある。

・**Under it** was a chair to stand upon.（その下には、上に乗れるような椅子があった）
　　➡under it が強調されて文頭に出ている。

・**Arranged there** were ten little china figures.（そこに並べられていたのは、小さな陶器の人形だった）
　　➡arranged there が強調されて文頭に出ている。

・**Only when she saw candles in the doorway** did she come to her senses.（戸口にろうそくが見えたとき、ようやく彼女は正気に戻った）
　　➡「〜しかない、ほんの〜」という否定語に準じた意味を持つonly が、文頭で強調されている。

English Conversational Ability Test
国際英語会話能力検定

● E-CATとは…
英語が話せるようになるための
テストです。インターネット
ベースで、30分であなたの発
話力をチェックします。

www.ecatexam.com

● iTEP®とは…
世界各国の企業、政府機関、アメリカの大学
300校以上が、英語能力判定テストとして採用。
オンラインによる90分のテストで文法、リー
ディング、リスニング、ライティング、スピーキ
ングの5技能をスコア化。iTEP®は、留学、就職、
海外赴任などに必要な、世界に通用する英語力
を総合的に評価する画期的なテストです。

www.itepexamjapan.com

ミステリーで読み解く英文法
そして誰もいなくなった

2023年6月2日　第1刷発行

原 著 者　アガサ・クリスティ

文法解説　岡 本 茂 紀

発 行 者　浦　晋 亮

発 行 所　IBCパブリッシング株式会社
〒162-0804 東京都新宿区中里町29番3号 菱秀神楽坂ビル
Tel. 03-3513-4511　Fax. 03-3513-4512
www.ibcpub.co.jp

印刷所　株式会社シナノパブリッシングプレス

ISBN978-4-7946-0761-4